Pfälzer Küche

www.komet-verlag.de
Gesamtherstellung: Komet Verlag GmbH
ISBN 3-89836-417-8

Pfälzer Küche

geöffnet
samstag

Inhaltsverzeichnis

Pfarr-
zentrum

Die Pfalz

Das Schönste am Regionalen, auf jeden Fall aber das Liebenswerteste, ist immer noch die Sprache. Es muss nicht einmal Dialekt sein, Tonfall und Melodie reichen, um Heimat zu beschwören. Erst recht gilt das natürlich für die regionale Küche. Da wimmelt es nur so von Gerichten, deren Namen manchmal selbst die Eingeweihten nicht richtig aussprechen, geschweige denn erklären könnten. Der besondere Reiz liegt nicht zuletzt darin, dass die Namen gar nichts darüber aussagen, was drin ist im Gericht oder wie es schmeckt.

Was die manchmal äußerst seltsamen Bezeichnungen so spannend macht: Für den Fremden sind sie böhmische Dörfer, dem Einheimischen vermitteln sie sofort Vertrautheit. Was soll wohl ein Mensch aus Schleswig-

Holstein, aus guten Gründen an die Weinstraße verschlagen, von einem Kerscheplotzer erwarten? Oder von Grüne Knepp? Oder von Hoorige Knepp? Oder von Dibbelabbes oder Dippehas oder Buwespitze oder, weil es so besonders schön ist, von Grumbeerebackes?

Der arme Mensch aus Plattdeutschland wird vermutlich verwirrt sein oder verdattert, wie man bei ihm zu Hause sagt. Während der glückliche Pfälzer bei jedem dieser Namen von wohligem Heimatgefühl durchströmt wird. Er weiß, hier, in dieser Küche, ist er daheim, auch wenn er nicht genau weiß, was alles in einem Pfälzer Saumagen drin ist. Aber kann das überhaupt jemand zuverlässig wissen? Außer dem Koch natürlich. Und außer Ihnen, wenn Sie unser Rezept im hinteren Teil dieses Buchs nachkochen.

Mit dem sagenumwobenen Saumagen sind wir denn auch schon mittendrin in dem, was Ruhm und Eigenart der Pfälzer Küche ausmacht. Was wurde über ihn nicht schon alles geschrieben! Vor allem zu Zeiten des damaligen Bundeskanzlers Helmut Kohl. Staats- und Regierungschefs sonder Zahl hat er damals in seinem Lieblingsrestaurant „Deidesheimer Hof“ mit dem Saumagen traktiert. Englands Margret Thatcher soll sich in der ihr eigenen Art geschüttelt und dann verweigert haben.

(Soweit das Gerücht, nach Aussage des Meisterkochs Manfred Schwarz hingegen zischelte sie: „Absolutely delicious").

Dem damals noch sowjetischen Präsidenten Michail Gorbatschow wurde das so genannte „Pfälzer Lieblingsgericht" aufgetischt: Eine dicke Scheibe Saumagen, Bauernbratwurst, Leberknödel, Weinkraut und Sahnepüree. Da es zuvor schon eine gebackene Blutwurst auf Apfel-Meerrettich-Gemüse gegeben hatte, sind Zeitungsberichte, die bestätigen,

Gorbatschow habe etwas angestrengt geschaut, gar nicht einmal so abwegig. Manfred Schwarz übrigens, damals trotz schwäbischer Herkunft der große Modernisierer der regionalen Pfälzer Küche, hat inzwischen die Pfalz verlassen, um in Heidelberg Neuland zu betreten.

Der große Wolfgang Dubs hingegen ist seiner Pfalz treu geblieben, auch wenn seine „Rotisserie Dubs" in Worms liegt, das ja eigentlich zu Rheinhessen gehört. Was wiederum deutlich macht, was für eine komplexe Angelegenheit das Regionale ist, sei es nun in der Geschichte oder in der Küche. Wolfgang Dubs jedenfalls, der auch schon mal die führenden Feinschmecker der Welt auf der größten Weinmesse, der Vinexpo in Bordeaux, verblüffte und verwöhnte, kocht eine makellose Küche der ehrlichen Produkte und kennt sich aus in seiner Gegend. Und er sieht keinen Gegensatz zwischen regionaler Küche und haute cuisine: „Schon gar nicht in der Pfalz, die ja sehr stark von Frankreich geprägt wurde. Früher gehörten sogar Froschschenkel ganz selbstverständlich dazu. Auf dem Markt in Worms gab's immer Stände mit Froschschenkeln."

Wolfgang Dubs weiß noch einiges mehr zur bäuerlichen Küche der Pfalz zu erzählen: „Hauptbestandteile sind Kartoffeln, Wurst und Schinken. Früher gab es sehr viele Hausschlachtungen hier, bei denen dann auch Wurst gemacht wurde. So ist auch unser spezielles Weinglas, das Dubbeglas, entstanden: Damit dem Metzger beim Wursten das Weinglas nicht immer durch die blutigen Finger rutscht, haben wir das Glas mit Eindellungen versehen, den Dubbe."

Für eines der interessantesten und typischen Gerichte hält Dubs den Kartoffelbackes, andernorts auch als Grumbeerebackes bekannt: „Das sind Kartoffeln und durchwachsener Speck und Schweinefleisch zugedeckt mit saurer Sahne: das haben die Leute früher am Morgen beim Bäcker abgegeben und im großen Ofen mitbacken lassen." Und siehe da, ein ganz ähnliches Gericht gibt es gleich jenseits der Grenze im Elsass. Da wird es ein bisschen anders gemacht, aber nicht sehr, und heißt Baeckeoffe. Womit wir wieder bei den engen Verflechtungen mit dem französischen Nachbarn wären. Verflechtungen, die nicht immer nur erfreulich waren. Was heute so friedlich ziemlich in der Mitte Europas liegt, war oft genug Zankapfel der Nationen, beziehungsweise ihrer regierenden Häuser und Armeen.

Lange war man in der Pfalz bayerischer Untertan, was sich zum Beispiel in einer der schönsten Gaststätten Münchens manifestiert, in der wunderbaren Pfälzer Weinstube gleich bei der Feldherrnhalle. Und war man nicht bayerisch, dann war man französisch. Jeder Krieg, jeder Durchzug der Heere, hinterließ seine Spuren, meistens negative.

Vielleicht stammt aus diesen Entbehrungen der pfälzische Drang zur Fülle? Immerhin sind die drei berühmtesten Pfälzer Erscheinungen in der Geschichte durchaus gewichtig: Der Saumagen, Helmut Kohl und die ebenso liebens- wie bedauernswerte Lieselotte von der Pfalz, die aus dynastischen und politischen Gründen mit dem Bruder von Ludwig XIV. verheiratet wurde. Aus Versailles schrieb sie an ihre Verwandten in Deutschland: „Wenn Ihr wissen solltet, wie alles hier ist, sollte es Euch gar kein Wunder nehmen, dass ich nicht mehr lustig bin. Eine andere in meinem Platz, so nicht aus dem grund lustig gewesen were, würde vielleicht vor Kummer lengst gestorben sein; ich aber werde nur dick und fett davon."

Wir wissen natürlich nicht, wie sich Lieselottes Leibesumfang in der Heimat entwickelt hätte, es spricht aber einiges dafür, dass sie auch hier nicht die Schlankeste geblieben wäre. Dafür ist die Pfälzer Küche einfach zu reichhaltig und zu erdverbunden. So erdverbunden, dass ein Teil des Landes auch die Kartoffelpfalz genannt wird, ein anderer gar die Zwiebelpfalz. Und ich kenne einen, der kommt gar aus einer dritten Pfalz, die er scherzhaft die Schlappeflicker-Pfalz nennt, womit die Gegend um Pirmasens gemeint ist, einst Zentrum der pfälzischen Schuhindustrie. Dieser alte Freund, er heißt Werner Scheib und lebt seit Jahrzehnten in Stuttgart, hat sich auch in der Fremde einen ausgeprägten Hang zur deftigen Küche der Heimat bewahrt: „Etwas Schöneres als Hoorige Knepp kann es gar nicht geben. Als Kind habe ich die leidenschaftlich gern gegessen. Wir hatten nicht sehr viel Geld daheim, deshalb gab es fast immer nur eine dicke saure Sahnesauce dazu. Zur Wurst hat's leider

meistens nicht gereicht." Bei dem Kindheitstraum handelt es sich um „haarige Kartoffelklöße", haarig deshalb, weil sie handgerieben einigermaßen zerzaust aussehen.

Damit musste Werner Scheib dann leider auf eines der tragenden Elemente Pfälzer Kulinarik verzichten. Ohne Wurst oder korrekt pfälzisch „Worscht" ist das Leben so wenig denkbar wie ohne Wein. Worscht un Woi, Wurst und Wein also, könnte als offizielles Motto ins Staatswappen von Rheinland-Pfalz aufgenommen werden. Eindringlich bezeugt die innige Verflechtung von Wein und Wurst die Tatsache, dass das größte Weinfest der Welt nicht Weinfest sondern Wurstmarkt heißt und seit fast 600 Jahren in Bad Dürkheim stattfindet. Der Dürkheimer Wurstmarkt, 2004 fand die 587. Ausgabe statt, ist ein Volksfest der Superlative. Im Schnitt werden an den neun

Festtagen – nach den ersten fünf gibt's drei Tage Pause – ungefähr 300 000 Liter Wein getrunken, in Worten: dreihunderttausend! Traditionelle Maßeinheit ist dabei der Schoppen im Dubbeglas (siehe weiter oben), und das enthält exakt einen halben Liter. Getrunken wird überall: Im Weindorf servieren ein Dutzend Dürkheimer Weinbaubetriebe in nach eigenen Angaben „gehobener Atmosphäre" Spitzentropfen. Noch gemütlicher geht es zu bei den „Schubkärchler", kleinen Weinzelten mit hölzernen Tischen und Bänken, und richtig rund wie auf dem Münchner Oktoberfest geht es in den zwei Weinhallen und der Bierhalle zu. Und überall wird der Pfälzer Dreikampf zelebriert: Weck, Worscht und Woi. Denn der Volksmund weiß: „Vor dem Dorscht und nach dem Dorscht, immer schmeckt die Pälzer Worscht." Die Wurst tritt in vielfältiger Form auf, vom Brötchen mit Pfälzer Leberwurst über Pfälzer Jagdwürstchen, Pfälzer Bratwurst, sauer eingelegte Fleischwurst und Pfälzer Hausmacherblutwurst bis zur größten aller Würste, dem Saumagen.

Doch genug der Würste. Auf dem Wurstmarkt und den vielen anderen, kleineren Weinfesten wartet reichlich anderes auf den Genießer. Da gibt es Handkäs' mit Musik, Zwiebelkuchen, Lauchkuchen, Zwiebelsuppe, Grüne Bohnensuppe, Käse-Wurst-Salat, weißen Käse mit Quellmännern, auch unter der hochdeutschen Bezeichnung Pellkartoffeln bekannt, und es gibt Schwartenmagensalat mit Bratkartoffeln. Aus dem reichen Kartoffelangebot drängen sich neben den schon besungenen hoorigen Knepp Kartoffel-Speckknödel, Pfälzer Weinkartoffeln, Schupfnudeln, Kartoffelsalat und selbstverständlich Dibbelabbes, ein wunderbares Pfannengericht aus geriebenen Kartoffeln, Lauch, Zwiebeln und Ei, gelegentlich mit Apfelkompott serviert.

Eine derart irdische Küche wie die pfälzische kann nicht wirklich ohne deftige Fleischgerichte auskommen. Das geht los mit Fleischklößen und Leberknödeln (hier heißen sie natürlich Leberknepp) und entwickelt sich fort über gespickten Rinderbraten, Ochsenbrust in Senfsauce, Schweinebraten und Spießbraten mit Rotwein bis hin zum Weinhähnchen und der Ente mit Maronen.

Dass eine Landschaft, die auch den Pfälzer Wald umschließt, hervorragendes Wild und nicht minder hervorragende Zubereitungen bietet, liegt nahe. Hirsch, Reh und Wildschwein kommen hier auf den Tisch ebenso wie Hase und Kaninchen. Kein Wunder, dass die Franzosen „Le Palatinat", wie sie die Pfalz nennen, neidvoll als „beau jardin du Bon Dieu", schönen Garten Gottes bezeichnen.

Weil ein schöner Garten ganz ohne Obstbäume nur schwer vorstellbar ist, hat die Pfalz auch hier allerhand zu bieten. Und alles ist bestens geeignet, die pfälzischen Desserts zu bereichern. Neben den üblichen Obstsorten, die prächtig gedeihen, reifen in diesem milden Klima sogar Exoten wie Mandeln und Feigen, und vor allem mein Lieblingsobst, der zarte weiße, duftende Weinbergpfirsich.

Ein Klima, in dem Weinbergpfirsiche reifen, ist selbstverständlich auch ideal für die Weinberge selbst. Der Wein schließlich ist es, der den Ruhm der Pfalz begründet hat: Forst, Deidesheim, Ruppertsberg, Bad Dürkheim, Wachenheim und Kallstadt. So war beispielsweise der „Forster Ungeheuer“ einer der Lieblingsweine Otto von Bismarcks. Angeblich soll der Kalauer „Dieses Ungeheuer schmeckt mir ungeheuer“ vom Eisernen Kanzler stammen.

Trotz der ruhmreichen Lagen hatte die Pfalz lange Zeit ein Imageproblem. Wie Ian Jamieson im Oxford Weinlexikon schreibt: „Der Bereich Südliche Weinstraße hat noch immer den Ruf, hohe Erträge von qualitativ gleichgültigen Rebsorten zu bevorzugen. Das gilt allenfalls für Erzeuger, die den Markt mit billigem Massenwein beliefern, es trifft aber nicht mehr für den Bereich als Ganzes zu. Bei den führenden Weingütern im Bereich Mittelhaardt/Deutsche Weinstraße spielt der Riesling die Haupt-, manchmal sogar die einzige Rolle."

Beim Riesling wie bei den anderen Rebsorten hat sich einiges getan, er ist auch in seinen schlichteren Ausführungen eleganter geworden und glücklicherweise auch trockener. Bei den Großmeistern, und das werden immer mehr, findet man dann sogar weltmeisterliche Weine, Rieslinge und andere. Eine äußerst lückenhafte Auswahl: Mülller-Catoir in Neustadt-Haardt, Herbert Roth im Weingut Wilhelmshof in Siebeldingen und die „fünf Freunde", die sich Ende der Achtziger Jahre zusammengetan haben und inzwischen gar in Landau das Restaurant „Fünf Bäuerlein" als weinkommunikatives Zentrum gegründet haben: Friedrich Becker in Schweigen, Thomas Siegrist in Leinsweiler, Rainer und Gunter Kessler mit dem Weingut Münzberg in Landau-Godramstein, Hansjörg Rebholz in Siebeldingen und Karl-Heinz Wehrheim in Birkweiler. Und dann sind da noch die Brüder Werner und Volker Knipser, die in Laumersheim einige der besten Rotweine Deutschlands machen.

Eine der beliebtesten Lagen der Pfalz ist – wen wundert's – der „Kallstadter Saumagen". Und das nicht nur des Namens wegen. Und die besten Weine der Lage Saumagen wachsen im Horn. Dort wiederum gehört eine der Parzellen zum Weingut Gerhard Schröder. So dass sich die Frage stellt, ob Helmut Kohl zu seinem Pfälzer Saumagen wohl einen „Kallstadter Saumagen" aus dem Hause Gerhard Schröder genießt. Zuzutrauen wär's ihm.

Vorspeisen und kleine Gerichte

Pfälzer Zwiebelbrot

Zutaten für 4 Personen

125 g Schinkenspeck, 2 El Öl, 4 Zwiebeln, 2 Stangen Lauch, 1 Knoblauchzehe, 1 Bund Schnittlauch, 1 Bund Petersilie, 2 Eier, 150 g geriebener Gouda, Salz, Pfeffer, 1 Tl gemahlener Kümmel, 4 Scheiben frisches Roggenvollkornbrot

1 Den Backofen auf 200 °C (Umluft 180 °C) vorheizen. Den Schinkenspeck in kleine Würfel schneiden. Das Öl in einer Pfanne erhitzen und die Speckwürfel darin braten.

2 Zwiebeln schälen und würfeln, den Lauch gründlich putzen, waschen und in Ringe schneiden. Zwiebeln und Lauch zum Schinkenspeck geben und mitschmoren. Die Knoblauchzehe schälen und ganz fein hacken.

3 Die Kräuter waschen, trockenschütteln und fein hacken. Kräuter und Knoblauchzehe zur Zwiebel-Lauch-Mischung geben und kurz mitschmoren.

4 Die Pfanne vom Herd nehmen. Die Eier mit dem Käse verquirlen und hinzufügen. Die Masse mit Salz, Pfeffer und Kümmel abschmecken.

5 Die Zwiebel-Lauch-Masse auf die Brote verteilen und im Ofen etwa 15 Minuten goldbraun überbacken.

Zubereitungszeit 35 Minuten
Pro Portion ca. 423 kcal/1775 kJ
26 g E · 24 g F · 26 g KH

Fleischwurst sauer eingelegt

Zutaten für 2–3 Personen

1 Ring Fleischwurst mit Knoblauch, 2 Zwiebeln, 6 El Essig, 4 El Pflanzenöl, Salz, Pfeffer, 1 Prise Zucker, 1/2 Bund gehackte frische Petersilie

1 Die Pelle von der Fleischwurst abziehen. Wurst in 5 cm große Stücke schneiden. Die Stücke halbieren und fächerartig einschneiden. In eine Salatschüssel legen.

2 Die Zwiebeln schälen und fein hacken. Aus Zwiebeln, Essig, Öl, 2 El Wasser und den Gewürzen eine Vinaigrette bereiten und über die Wurst geben und etwa 1 Stunde ziehen lassen.

3 Die saure Fleischwurst mit Petersilie bestreut servieren. Dazu frisches Brot und Butter reichen.

Zubereitungszeit 15 Minuten
(plus Marinierzeit)
Pro Portion ca. 370 kcal/1554 kJ
15 g E · 25 g F · 3 g KH

Lauchkuchen

Zutaten für 1 Springform

175 g Butter, 1 Tl Salz, 290 g Mehl, 1 kg Lauch, 300 g Räucherspeck, 500 ml Gemüsebrühe, Salz, Pfeffer, Muskat, 4 Eier, 250 ml Sahne, Fett für die Form

1 125 g Butter mit dem Salz und 250 g Mehl in einer Schüssel gut miteinander vermischen. 3 El kaltes Wasser zugeben und alles zu einem festen Teig kneten. Den Teig zu einer Kugel formen, in Folie wickeln und 30 Minuten kühl legen.

2 Den Lauch putzen, längs einschneiden und gründlich waschen, dann in Ringe schneiden. Den Speck in feine Würfel schneiden. Den Backofen auf 200 °C (Umluft 180 °C) vorheizen.

3 Die restliche Butter in einer Pfanne erhitzen und die Speckwürfel darin braten. Den Lauch hinzufügen, 3 Minuten unter Rühren mitschmoren. Die Brühe angießen und mit Salz, Pfeffer und Muskat würzen. Weitere 7 Minuten köcheln.

4 Den Teig ausrollen und in einer gefetteten Springform (28 cm Ø) auslegen. Die Ränder etwas hochdrücken. Lauch und Speck aus der Brühe nehmen, abtropfen lassen und auf dem Teig verteilen.

5 Eier, Sahne und das restliche Mehl verquirlen, mit den Gewürzen abschmecken und über den Lauch geben. Die Torte im Ofen etwa 40 Minuten backen. Noch heiß servieren.

Zubereitungszeit 40 Minuten
(plus Kühl- und Backzeit)
Pro Stück ca. 339 kcal/1424 kJ
12 g E · 23 g F · 21 g KH

Pfälzer Handkäs' mit Musik

Zutaten für 4 Personen

8 Ringe Handkäse, 4 große Zwiebeln, 100 ml Öl, 8 El Essig, Salz, Pfeffer, 1 El Kümmel, 3 Stängel Petersilie, 1 Bund Rauke

1 Den Handkäse in dünne Scheiben schneiden. Die Zwiebeln schälen und in dünne Ringe schneiden.

2 Öl und Essig miteinander mischen, Kümmel, Salz und Pfeffer hinzufügen.

3 Den Käse in eine Schüssel geben, mit den Zwiebeln belegen und mit der Marinade überziehen. Den Handkäse mindestens 1 Stunde an einem kühlen Ort ziehen lassen.

4 Petersilie waschen, trockenschütteln und die Stiele kürzen. Handkäse mit frischem Vollkornbrot und Butter servieren. Mit Petersilie und Rauke anrichten.

Zubereitungszeit 15 Minuten (plus Marinierzeit)
Pro Portion ca. 333 kcal/1397 kJ
27 g E · 23 g F · 4 g KH

Lorscher Ziegenkäse gebacken

Zutaten für 4 Personen

1 Ziegenkäserolle, 1 El edelsüßes Paprikapulver, 1 Ei, 2 El Paniermehl, 250 ml Frittieröl

1 Die Ziegenkäserolle in vier Teile teilen. Die Käsestücke mit dem Paprikapulver bestreunen.

2 Das Ei verquirlen. Das Paniermehl in einen Teller geben. Die Ziegenkäsescheiben zuerst im verquirlten Ei, dann im Paniermehl wenden.

3 Das Frittieröl in einem Topf erhitzen und die Käsescheiben darin goldbraun frittieren. Dazu frischen Kopfsalat und Toastbrot reichen.

4 Statt Kopfsalat schmeckt auch Preiselbeergelee oder selbst gemachtes Weingelee.

Zubereitungszeit 10 Minuten
(plus Frittierzeit)
Pro Portion ca. 203 kcal/860 kJ
8 g E · 18 g F · 2 g KH

Pfälzer Zwiebelkuchen

Zutaten für 1 Blech

40 g Hefe, 1/2 Tl Salz, 1/2 Tl Zucker, 1/8 l Milch, 500 g Mehl, 60 g Butter, 1 kg Zwiebeln, 3 El Butter, 200 g Schinkenspeck, Salz, Pfeffer, 1 El Kümmel, 500 ml saure Sahne, 3 Eier

1 Die Hefe mit Salz und Zucker in etwas warme Milch rühren und kurz gehen lassen. Das Mehl in eine Schüssel sieben, in die Mitte eine Mulde drücken und den Hefevorteig hineinfüllen. Mit etwas Mehl vermengen und nochmals gehen lassen.

2 Milch und Butter erwärmen und unter den Hefeteig rühren. Alles gut verkneten und erneut gehen lassen, bis der Teig seinen Umfang verdoppelt hat. Wieder durchkneten und auf einem gefetteten Blech ausrollen. Gehen lassen.

3 Den Backofen auf 200 °C (Umluft 180 °C) vorheizen. Inzwischen die Zwiebeln schälen und in Ringe schneiden. Die Butter in einer Pfanne erhitzen und die Zwiebelringe darin glasig schmoren. Den Schinkenspeck würfeln und kurz mitschmoren.

2 Den Teig 10 Minuten im Ofen vorbacken. Die Zwiebelringe und Schinkenwürfel darauf verteilen. Saure Sahne, Pfeffer und Eier verrühren und mit Salz und Kümmel würzen. Die Masse über die Zwiebeln geben und etwa 35 Minuten backen.

Zubereitungszeit 40 Minuten
(plus Ruhe- und Backzeit)
Pro Stück ca. 295 kcal/1242 kJ
13 g E · 10 g F · 36 g KH

Steinpilz-Kartoffel-Kuchen

Zutaten für 1 Springform (26 cm Ø)

300 g Kartoffeln, 125 g Magerquark, 3 El Milch, 4 El Öl, 5 Eier, 1 Prise Salz, 200 g Mehl, 1/2 Tl Backpulver, 300 g Steinpilze, 1 Zwiebel, 200 g Butter, Salz, Pfeffer, 1/2 Tl gemahlene Muskatnuss, 1/2 Tl gemahlener Koriander

1 Kartoffeln waschen und in kochendem Salzwasser etwa 20 Minuten garen. Backofen auf 220 °C (Umluft 200 °C) vorheizen.

2 Quark mit Milch, Öl, 1 Ei und etwas Salz verrühren. Das Mehl mit Backpulver mischen und unter die Quark-Öl-Masse rühren, bis ein geschmeidiger Teig entsteht. Den Teig in eine gefettete Springform legen und an den Rändern gut festdrücken.

3 Die Kartoffeln nach der Garzeit abgießen und abkühlen lassen. Dann pellen und in Scheiben schneiden. Die Steinpilze putzen, waschen und ebenfalls in Scheiben schneiden. Die Zwiebel schälen und würfeln.

4 50 g Butter in einer Pfanne erhitzen und die Zwiebel darin andünsten. Die Pilzscheiben zufügen und mitschmoren. Nach 3 Minuten die Kartoffelscheiben mit im Fett wenden und mit Gewürzen abschmecken.

5 Die Pilz-Kartoffel-Mischung auf den Teig geben und den Kuchen im Ofen etwa 25 Minuten backen. Die restliche Butter erhitzen, bis sie klar ist. Dann abkühlen lassen. Die restlichen Eier trennen. Die klare Butter abschöpfen und mit den Eigelben verrühren. Über den Kuchen geben und weitere 5 Minuten im Ofen backen. Warm servieren.

Zubereitungszeit 25 Minuten
(plus Gar- und Backzeit)
Pro Stück ca. 276 kcal/1161 kJ
8 g E · 20 g F · 17 g KH

Gefüllte Dillpfannkuchen

Zutaten für 8 Stück

70 g Mehl, 200 ml Milch, 1 Ei, Salz, Pfeffer, gemahlene Muskatnuss, 1 Bund Dill, 1 kleine Salatgurke, 1/2 Bund Frühlingszwiebeln, 1 El Butter, 250 g Crème fraîche, 1 Tl geriebener Meerrettich, 3 El Öl, 200 g Räucherlachs in Scheiben, 4 El saure Sahne

1 Mehl mit 100 ml Milch verrühren, dann Ei, restliches Mehl, Salz, Pfeffer und Muskatnuss zugeben. Dill waschen, trockenschütteln, fein hacken und zum Teig geben. Den Teig etwa 2 Stunden ruhen lassen.

2 Die Gurke schälen und halbieren, die Kerne entfernen und in feine Streifen schneiden. Frühlingszwiebeln putzen, waschen und würfeln.

3 Butter erhitzen und die Frühlingszwiebelwürfel darin andünsten. Gurken dazugeben und mitschmoren. Mit Salz und Pfeffer würzen. Die Gurkenmasse bei geschlossenem Deckel etwa 10 Minuten dünsten.

4 Gurken mit einer Schaumkelle aus dem Topf nehmen. Crème fraîche in die Pfanne geben und einkochen lassen. Gurken zurück in die Pfanne geben und alles mit den Gewürzen und Meerrettich abschmecken.

5 Öl in einer Pfanne erhitzen und aus dem Teig nacheinander 4 Pfannkuchen (20 cm Ø) backen. Pfannkuchen auf eine Platte legen.

6 Den Lachs auf zwei Pfannkuchen legen, den Schmand darauf streichen und fest zusammenrollen. Die Gurkenmasse auf die beiden anderen Pfannkuchen verteilen und auch diese zusammenrollen. Die Rollen in 5 cm dicke Scheiben schneiden und auf Teller verteilen. Dazu einen frischen Tomatensalat reichen.

Zubereitungszeit 45 Minuten (plus Ruhe- und Bratzeit)
Pro Stück ca. 219 kcal/919 kJ
9 g E · 16 g F · 10 g KH

Suppen und Salate

Neustädter Zwiebelsuppe

Zutaten für 4 Personen

400 g Gemüsezwiebeln, 60 g Butter, 1 l Hühnerbrühe, Salz, Pfeffer, 100 g Sahne, 4 Scheiben Toastbrot, 100 g frisch geriebener Emmentaler, 2 El gehackte frische Petersilie

1 Die Zwiebeln schälen und in Ringe schneiden. Die Butter in einem Topf erhitzen und die Zwiebelringe darin andünsten und etwa 10 Minuten schmoren.

2 Die Zwiebeln mit der Hühnerbrühe auffüllen und aufkochen lassen. Mit Salz und Pfeffer abschmecken. Noch etwa 10 Minuten köcheln, dann mit der Sahne verfeinern.

3 Das Toastbrot auf vier Suppentassen verteilen. Die Zwiebelsuppe darüber gießen und mit dem Käse bestreuen. Die Petersilie darüber streuen und die Suppe heiß servieren.

Zubereitungszeit 15 Minuten
(plus Garzeit)
Pro Portion ca. 318 kcal/1334 kJ
11 g E · 22 g F · 18 g KH

Suppe der Weinbauern

Zutaten für 4 Personen

1 l heller Traubenmost oder Riesling, Zucker nach Geschmack, 2 Eier, 2 El Sahne, 2 Scheiben Weißbrot, 2 El Butter

1 Den Traubenmost oder Wein in einem Topf erhitzen und mit Zucker abschmecken.

2 Die Eier trennen, Eiweiße anderweitig verwenden. Eigelbe und Sahne schaumig rühren und die Suppe damit legieren.

3 Das Weißbrot würfeln. Die Butter in einer Pfanne erhitzen und die Weißbrotwürfel darin goldgelb rösten.

4 Die Brotwürfel auf vier Suppentassen verteilen und die Weinsuppe darüber geben. Sofort servieren.

Zubereitungszeit 10 Minuten
(plus Koch- und Röstzeit)
Pro Portion ca. 152 kcal/638 kJ
5 g E · 9 g F · 8 g KH

Grüne Bohnensuppe aus Deidesheim

Zutaten für 4 Personen

1 dicke Scheibe Bauchfleisch (ca. 250 g), 500 g grüne Bohnen, Salz, 1 Bund Bohnenkraut, 2 Zwiebeln, 1 El Butterschmalz, Salz, Pfeffer, 1/2 Bund Petersilie

1 Das Bauchfleisch in einem Topf mit etwa 1 l Salzwasser zum Kochen bringen und etwa 45 Minuten bei mittlerer Temperatur köcheln. Die Bohnen waschen, entfädeln und in kleine Stücke schneiden. Die Bohnen nach 20 Minuten Garzeit des Bauchspecks mit dem gewaschenen Bohnenkraut dazugeben und bissfest garen.

2 Nach der Garzeit das Bauchfleisch aus der Suppe nehmen, kurz abtropfen lassen und anschließend in mundgerechte Würfel schneiden.

3 Die Zwiebeln schälen und hacken. Das Butterschmalz in einer Pfanne erhitzen und die Zwiebeln darin anschmoren. Wenn Sie leicht gebräunt sind, in die Bohnensuppe geben.

4 Die Bohnensuppe mit Salz und Pfeffer würzen. Die Petersilie waschen, trockenschütteln und hacken. Die grüne Bohnensuppe noch heiß mit Petersilie bestreut servieren.

Zubereitungszeit 20 Minuten
(plus Koch- und Schmorzeit)
Pro Portion ca. 202 kcal/847 kJ
12 g E · 16 g F · 3 g KH

Weinlesesuppe

Zutaten für 4 Personen

4 Knoblauchzehen, 3 El Butter, 3 El Mehl, 500 ml Hühnerbrühe, Salz, Pfeffer, Saft von 1/2 Zitrone, 250 ml trockener Riesling, 125 ml Sahne, 500 g helle Trauben ohne Kerne

1 Die Knoblauchzehen schälen und fein hacken. Die Butter in einem Topf erhitzen. Die Knoblauchzehen in der heißen Butter andünsten, bis sie beginnen zu bräunen. Dann das Mehl hinzufügen und unter Rühren in der Butter anschwitzen.

2 Die Hühnerbrühe dazugießen und die Suppe leicht andicken lassen. Währenddessen ständig rühren. Mit Salz, Pfeffer und Zitronensaft abschmecken.

3 Den Riesling in die Suppe gießen, aber nicht aufkochen. Die Sahne steif schlagen und unter die Suppe heben. Kurz erwärmen, dann den Topf vom Herd nehmen.

4 Die Trauben waschen, halbieren und in die Suppe geben. Heiß servieren.

Zubereitungszeit 20 Minuten
(plus Kochzeit)
Pro Portion ca. 280 kcal/1176 kJ
5 g E · 17 g F · 26 g KH

Angemachter Spargel mit Forellenstreifen

Zutaten für 4 Personen

1 kg grüner Spargel, 1 Tl Salz, 1 Tl Zucker, 200 g geräuchertes Forellenfilet, 3 El Zitronensaft, 4 El Walnussöl, Pfeffer, 1/2 Bund Dill

1 Den Spargel waschen, das untere Drittel schälen und die holzigen Enden abschneiden. Spargel in Stücke schneiden und in etwa 1 Liter kochendem Wasser mit je 1/2 Teelöffel Salz und Zucker etwa 10 Minuten bissfest garen.

2 Spargel abgießen, abtropfen lassen und in eine Schüssel zum Abkühlen geben. Die Forellenfilets in dünne Streifen schneiden. Zitronensaft, Öl, restliches Salz, Pfeffer und restlichen Zucker miteinander verrühren.

3 Den Dill waschen, trockenschütteln und fein hacken. Dill mit dem Dressing mischen und über den Spargel geben. Die Forellenstreifen unterheben und den Salat etwa 30 Minuten durchziehen lassen. Dann mit frischem Baguette servieren.

Zubereitungszeit 35 Minuten
(plus Marinierzeit)
Pro Portion ca. 117 kcal/491 kJ
16 g E · 3 g F · 7 g KH

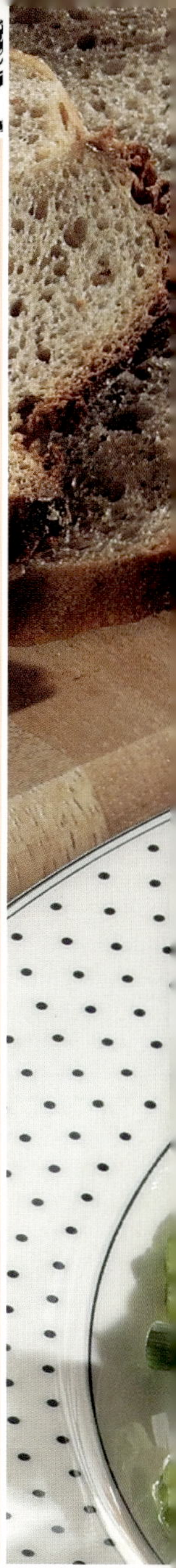

Mannheimer Käse-Wurst-Salat

Zutaten für 4 Personen

400 g Lyoner, 200 g Emmentaler Käse, 2 Zwiebeln, 4 Gewürzgurken, 4 El Essig, 3 El Öl, Salz, weißer Pfeffer, 1 Prise Knoblauchpulver, 1/2 Bund Petersilie, 1/2 Bund Schnittlauch

1 Die Wurst von der Pelle befreien, den Käse entrinden. Wurst und Käse in dünne Streifen schneiden. Die Zwiebeln schälen und in Ringe schneiden. Die Gewürzgurken in Würfel schneiden.

2 Aus Essig, Öl, Salz, Pfeffer und Knoblauchpulver eine Marinade herstellen. Wurst- und Käsestreifen mit den Zwiebelringen in eine Schüssel geben und mit der Marinade übergießen. 30 Minuten ziehen lassen.

3 Die Petersilie und den Schnittlauch waschen, trockenschütteln und fein hacken. Den Wurstsalat mit Petersilie und Schnittlauch bestreut servieren. Dazu frisches Bauernbrot oder Bratkartoffeln reichen.

Zubereitungszeit 20 Minuten
(plus Marinierzeit)
Pro Portion ca. 490 kcal/2058 kJ
29 g E · 40 g F · 4 g KH

Weißer Käse mit Quellmännern

Zutaten für 4 Personen

1 kg Magerquark, 250 g Sahne, Salz, Pfeffer, 1 Bund Petersilie, 1 Bund Schnittlauch, 1/2 Bund Liebstöckel, 1/2 Bund Kerbel

1 Den Quark mit der Sahne verrühren, bis er schön cremig ist. Quark mit Salz und Pfeffer würzen.

2 Die Kräuter waschen, trockenschütteln und fein hacken oder wiegen. Kräuter unter den Quark mischen. Quark 20 Minuten ziehen lassen, dann noch mal mit Salz und Pfeffer abschmecken.

3 Kartoffeln waschen und in kochendem Salzwasser etwa 20 Minuten garen. Dann abgießen und mit dem weißen Käse servieren.

Zubereitungszeit 15 Minuten
(plus Garzeit)
Pro Portion ca. 375 kcal/1575 kJ
36 g E · 19 g F · 13 g KH

Schwartenmagensalat mit Bratkartoffeln

Zutaten für 4 Personen

450 g Schwartemagen, Pfeffer, 2–3 El Rotweinessig, 3 El Pflanzenöl, 2 Schalotten, 1/2 Bund Petersilie, 500 g Kartoffeln, 4 El Butterschmalz

1 Den Schwartenmagen von der Pelle befreien und in dünne Scheiben schneiden. Die Scheiben auf Teller verteilen.

2 Pfeffer, Essig und Öl miteinander mischen. Die Schalotten schälen und fein hacken. Unter die Essig-Öl-Mischung rühren und alles über die Schwartenmagenscheiben geben.

3 Die Petersilie waschen, trockenschütteln und fein hacken. Schwartenmagensalat mit Petersilie bestreuen. Dazu Bratkartoffeln, die in Butterschmalz knusprig goldbraun gebraten wurden, servieren.

Zubereitungszeit 20 Minuten
(plus Bratzeit für die Bratkartoffeln)
Pro Portion ca. 440 kcal/1848 kJ
25 g E · 29 g F · 20 g KH

VINUM ☆ NOBILE ☆

Gemüse, Kartoffeln, Beilagen

Linsengemüse

Zutaten für 4 Personen

250 g getrocknete grüne Linsen, 1 Bund Suppengrün, 2 Zwiebeln, 1 El Öl, 500 ml Gemüsebrühe, 1 El Mehl, 1 El Apfelessig, Salz, Pfeffer

1 Die Linsen über Nacht in reichlich Wasser einweichen. Am nächsten Tag die Linsen abgießen. Das Suppengrün putzen, waschen und klein schneiden. Die Zwiebeln schälen und würfeln.

2 Das Öl in einer Pfanne erhitzen und die Zwiebelwürfel darin glasig dünsten. Das Suppengrün dazugeben und 2 Minuten mitschmoren. Mit Gemüsebrühe auffüllen und die Linsen zugeben. Etwa 40 Minuten garen.

3 Nach Ende der Garzeit das Mehl in wenig Wasser anrühren und das Linsengemüse damit andicken. Mit Essig, Salz und Pfeffer abschmecken.

4 Das Linsengemüse als Beilage zu Fleisch und Kartoffeln reichen. Linsen schmecken auch als Hauptgericht mit Spätzle.

Zubereitungszeit 45 Minuten
(plus Einweichzeit)
Pro Portion ca. 223 kcal/936 kJ
16 g E · 2 g F · 35 g KH

Kartoffeln mit geschmelzten Zwiebeln und Lyoner

Zutaten für 4 Personen
1,5 kg Kartoffeln, Salz, 3 große Zwiebeln, 3 El Butter, 600 g Lyoner Fleischwurst

1 Die Kartoffeln waschen, schälen und in dünne Stifte schneiden. Die Kartoffelstifte in kochendem Salzwasser bissfest garen. Sie dürfen nicht zerfallen. Mit der Schaumkelle herausnehmen und abtropfen lassen.

2 Kartoffelstifte in eine flache Auflaufform legen. Zwiebeln schälen und in Ringe schneiden. Die Butter in einer Pfanne zerlassen und die Zwiebelringe darin etwa 5 Minuten schmoren, bis sie Farbe annehmen.

3 Inzwischen die Lyoner in etwas Wasser erhitzen. Dann aus dem Topf nehmen, in Scheiben schneiden und auf Tellern verteilen. Zwiebeln mit Fett über die Kartoffeln geben und dazu servieren. Dazu grünen Salat reichen.

Zubereitungszeit 25 Minuten
(plus Koch- und Schmorzeit)
Pro Portion ca. 593 kcal/2488 kJ
25 g E · 37 g F · 40 g KH

Schwalbennester

Zutaten für 4 Personen

1 kg Kartoffeln, Salz, 250 ml Milch, 2 El Butter, Pfeffer, 1 Tl gemahlene Muskatnuss, 4 Eier, 600 g gekochter Schinken

1 Die Kartoffeln gründlich unter fließendem Wasser waschen und mit Schalen in kochendem Wasser etwa 20 Minuten garen, bis sie weich sind. Dann abgießen und abtropfen lassen. Die Kartoffeln kurz abkühlen lassen, dann schälen.

2 Den Backofen auf 200 °C (Umluft 180 °C) vorheizen. Die Milch in einem Topf erwärmen. Die Kartoffeln durch die Kartoffelpresse in eine Schüssel drücken. Die Butter und etwas Milch dazugeben und vermengen. Nach und nach noch so viel Milch unter die Masse rühren, dass ein cremiger Brei entsteht. Er darf nicht zu flüssig sein. Mit Salz, Pfeffer und Muskatnuss würzen.

3 Den Kartoffelbrei in eine gefettete Auflaufform füllen und 4 Vertiefungen hineindrücken. Die Eier aufschlagen und vorsichtig in die Vertiefungen gleiten lassen.

4 Den Schinken fein würfeln und über die Eier geben. Anschließend die Schwalbennester im Backofen etwa 15 Minuten überbacken, bis die Eier gestockt sind.

Zubereitungszeit 25 Minuten
(plus Koch- und Backzeit)
Pro Portion ca. 520 kcal/2184 kJ
47 g E · 18 g F · 41 g KH

Kartoffel-Speck-Knödel

Zutaten für 6 Personen

750 g Kartoffeln, 75 g geräucherter Speck, 4 Zwiebeln, Salz, weißer Pfeffer, gemahlene Muskatnuss, 20 g Butterschmalz

1 Die Kartoffeln waschen und in kochendem Wasser in etwa 25 Minuten weich garen. Dann abgießen und abtropfen lassen. Kurz abkühlen. Den Speck würfeln. 2 Zwiebeln schälen und fein hacken.

2 Den Speck in einer Pfanne auslassen und die Zwiebeln darin andünsten. Die Kartoffeln schälen und durch die Kartoffelpresse drücken. Mit dem Speck und den Zwiebeln mischen. Mit den Gewürzen abschmecken.

3 Die restlichen Zwiebeln schälen und in Ringe schneiden. Das Butterschmalz in einer Pfanne erhitzen und die Zwiebelringe darin etwa 10 Minuten goldbraun schmoren.

4 Den Kartoffelbrei in einer Pfanne unter Rühren erhitzen. Dann mit 2 Esslöffeln Klöße abstechen und auf Tellern anrichten. Mit den gebratenen Zwiebelringen belegen und servieren. Als Beilage zu Pfälzer Saumagen oder gebratener Lyoner reichen.

Zubereitungszeit 30 Minuten
(plus Koch- und Schmorzeit)
Pro Portion ca. 224 kcal/942 kJ
8 g E · 7 g F · 31 g KH

Pfälzer Weinkartoffeln

Zutaten für 4 Personen

1 kg Kartoffeln, 2 Zwiebeln, 3 El Butterschmalz, 200 ml Weißwein, 250 ml Gemüsebrühe, 1 Lorbeerblatt, Salz, Pfeffer, 1/2 Bund gehackte frische Petersilie

1 Die Kartoffeln schälen, waschen und in sehr dünne Scheiben schneiden. Auf Küchenpapier trockentupfen.

2 Die Zwiebeln schälen und in kleine Würfel schneiden. Das Butterschmalz in einem Topf erhitzen und die Zwiebeln darin andünsten. Die Kartoffelscheiben dazugeben und kräftig mitbraten. Die Kartoffeln sollen schön knusprig goldbraun sein.

3 Wein, Gemüsebrühe und Lorbeerblatt zu den Kartoffeln geben und alles bei geschlossenem Deckel etwa 20 Minuten schmoren, bis die Kartoffeln gar sind. Den Deckel abnehmen und die Flüssigkeit einkochen lassen.

4 Das Lorbeerblatt entfernen und die Weinkartoffeln mit Salz und Pfeffer würzen. Die Petersilie darüber streuen. Weinkartoffeln zu gebratenem Fleisch oder Gemüse reichen.

Zubereitungszeit 20 Minuten
(plus Garzeit)
Pro Portion ca. 303 kcal/1271 kJ
6 g E · 13 g F · 39 g KH

Dibbelabbes

Zutaten für 4 Personen

1 kg Kartoffeln, 2 kleine Zwiebeln, Salz, Pfeffer, 1 Ei, 3 El Öl

1 Die Kartoffeln schälen, waschen und reiben. Die geriebenen Kartoffeln in einem Mulltuch ausdrücken. Die Zwiebeln schälen und ebenfalls reiben.

2 Zwiebeln mit Salz und Pfeffer sowie dem Ei zu der Kartoffelmasse geben und gut miteinander mischen.

3 Das Öl in einer großen gusseisernen Pfanne erhitzen und die Kartoffelmasse hineingeben. Unter häufigem Wenden anbraten und mit dem Kochlöffel zerpflücken.

4 Die Dibbelabbes sollen schön knusprig und goldbraun werden. Sie schmecken mit Salat oder zu gebratener Wurst und Fleisch.

Zubereitungszeit 25 Minuten
(plus Bratzeit)
Pro Portion ca. 215 kcal/904 kJ
7 g E · 3 g F · 39 g KH

Pfälzer Kartoffelsalat

Zutaten für 4 Personen
1 kg Kartoffeln, 150 g Schinkenspeck, 1 El Butter, 1 Zwiebel, 300 ml Fleischbrühe, 3–4 El Weinessig, Salz, Pfeffer

1 Die Kartoffeln waschen und in kochendem Salzwasser 15–20 Minuten garen. Sie dürfen nicht zu weich sein. Nach der Garzeit abgießen, leicht abkühlen lassen, dann pellen und würfeln. Den Schinkenspeck in Würfel schneiden.

2 Die Butter in einer Pfanne schmelzen und den Schinkenspeck darin auslassen. Die Zwiebel schälen und fein hacken. Im Speckfett andünsten. Die Fleischbrühe leicht erwärmen.

3 Die Kartoffeln in eine Schüssel geben und mit der Fleischbrühe übergießen. Weinessig zugeben und alles gut vermengen. Mit Salz und Pfeffer abschmecken Zuletzt Speck und Zwiebeln über den Kartoffelsalat geben und unterheben. Den Salat etwa 30 Minuten durchziehen lassen.

Zubereitungszeit 20 Minuten
(plus Gar- und Schmorzeit)
Pro Portion ca. 265 kcal/1113 kJ
14 g E · 6 g F · 38 g KH

Gefüllter Blumenkohl

Zutaten für 4 Personen

1 Blumenkohl, 400 g gemischtes Hackfleisch, 50 g Paniermehl, 3 El Crème fraîche, 1 Zwiebel, 1 Bund Schnittlauch, 2 Eier, Salz, Pfeffer, 1 Tl edelsüßes Paprikapulver, 100 g Bauchspeck, 150 g geriebener Emmentaler, 250 ml Bechamelsauce, 150 g Sahne

1 Den Blumenkohl putzen, waschen und in kochendem Salzwasser etwa 10 Minuten garen. Den Kohl aus dem Wasser nehmen, abtropfen und abkühlen lassen. Den Strunk so herausschneiden, dass eine Öffnung entsteht und die Röschen noch zusammenhalten.

2 Den Backofen auf 180 °C (Umluft 160 °C) vorheizen. Das Hackfleisch mit Paniermehl und Crème fraîche vermischen. Die Zwiebel schälen und hacken. Den Schnittlauch waschen, trockenschütteln und in Röllchen schneiden.

3 Zwiebel, Schnittlauch und 1 Ei zur Hackfleischmasse geben und aus allem einen glatten Teig kneten. Die Masse mit Salz, Pfeffer und Paprika abschmecken. Den Speck würfeln und in einer Pfanne auslassen. Unter die Fleischmasse mengen.

4 Die Masse in den Blumenkohl füllen und mit Käse bestreuen. Bechamelsauce erwärmen, die Sahne mit 1 Eigelb verrühren und die Sauce damit legieren. Über den Blumenkohl geben und im Ofen etwa 30 Minuten backen.

Zubereitungszeit 35 Minuten
(plus Backzeit)
Pro Portion ca. 660 kcal/2772 kJ
42 g E · 49 g F · 14 g KH

Schupfnudeln

Zutaten für 4 Personen

750 g Kartoffeln, 100 g Mehl, 1/2 Tl Salz, 1 Ei, 1/2 Tl gemahlene Muskatnuss, 1 Bund Petersilie, 5 El Butter

1 Die Kartoffeln waschen, in Salzwasser etwa 20 Minuten garen, dann abgießen, abkühlen lassen und schälen. Die Kartoffeln fein reiben und in eine Schüssel geben.

2 Kartoffeln mit 60 g Mehl, Salz, Ei und Muskatnuss mischen. Die Petersilie waschen, trockenschütteln und fein hacken. Ebenfalls zu den Kartoffeln geben. Die Masse mit den Händen verkneten.

3 Kartoffelteig auf eine bemehlte Fläche geben und mit dem Nudelholz 3 cm dick ausrollen. Aus dem Teig kleine Rollen formen und in etwa 4–5 cm lange Stücke schneiden.

4 Mit dem restlichen Mehl aus den Rollen Schupfnudeln formen, die an den Enden spitz zulaufen. Schupfnudeln etwa 15 Minuten ruhen lassen.

5 Die Butter in einer Pfanne schmelzen und die Schupfnudeln darin von allen Seiten goldbraun braten. Noch heiß servieren. Dazu Sauerkraut oder Linsengemüse servieren.

Zubereitungszeit 25 Minuten
(plus Gar- und Bratzeit)
Pro Portion ca. 295 kcal/1239 kJ
7 g E · 9 g F · 46 g KH

Schneebällchen

Zutaten für 4 Personen

1,2 kg Kartoffeln, 1 Zwiebel, 1/2 Bund Petersilie, 100 g Butter, 4 Eier, 2 El Mehl, Salz, Pfeffer, Majoran, 1 Prise Muskatnuss, 150 g Paniermehl

1 Die Kartoffeln am Vortag waschen, in Salzwasser etwa 20 Minuten garen, dann abgießen und leicht abkühlen lassen. Dann schälen. Am folgenden Tag die Kartoffeln durch die Kartoffelpresse drücken

2 Die Zwiebel schälen und hacken. Die Petersilie waschen, trockenschütteln und fein hacken. 30 g Butter in einer Pfanne erhitzen und die Zwiebel darin andünsten.

3 Die Kartoffeln mit der Zwiebelmasse, Petersilie, Eiern, Mehl und Gewürzen vermischen und zu einem festen Teig kneten. Wenn der Teig nicht fest genug ist, noch etwas Mehl unterheben.

4 In einem Topf reichlich Salzwasser zum Kochen bringen. Mit den feuchten Händen Klöße formen und im kochenden Wasser etwa 10 Minuten ziehen lassen. Wenn sie an die Oberfläche kommen, herausnehmen.

5 Restliche Butter in einer Pfanne erhitzen und das Paniermehl darin anrösten. Die Schneebällchen mit dem Paniermehl überziehen und zu Fleisch und Wildgerichten servieren.

Zubereitungszeit 50 Minuten
Pro Portion ca. 388 kcal/1628 kJ
15 g E · 14 g F · 50 g KH

Schwarzwurzelgemüse mit Béchamelsauce

Zutaten für 4 Personen

1,2 kg Schwarzwurzeln, Salz, 2 El Essig, 3 El Butter, 3 El Mehl, 500 ml Milch, 1 Zwiebel, 1 Lorbeerblatt, 2 Nelken, 3 El Sahne, Pfeffer, gemahlene Muskatnuss

1 Die Schwarzwurzeln waschen, schälen und in Stücke schneiden. Sofort in kochendes Salzwasser mit Essig geben und in etwa 15 Minuten garen. Schwarzwurzeln abgießen und abtropfen lassen. Warm stellen.

2 Für die Sauce die Butter in einem Topf schmelzen, das Mehl hineingeben und unter Rühren anschwitzen. Mit der Milch auffüllen und zu einer Sauce rühren. Es dürfen keine Klümpchen entstehen.

3 Die Zwiebel schälen und mit Lorbeerblatt und Nelken spicken. Die Zwiebel in die Sauce geben und 15 Minuten darin köcheln. Dann herausnehmen. Die Sauce mit Sahne, Salz, Pfeffer und Muskatnuss abschmecken.

4 Die Schwarzwurzeln mit der Bechamelsauce servieren. Dazu Salzkartoffeln reichen.

Zubereitungszeit 20 Minuten
(plus Gar- und Kochzeit)
Pro Portion ca. 230 kcal/964 kJ
9 g E · 14 g F · 15 g KH

Schwetzinger Spargel mit Zitronen-Hollandaise

Zutaten für 4 Personen

2 kg weißer Spargel, 20 g Butter, 1 Tl Salz, 1 El Zucker, 1 El Speisestärke, 2 Eigelb, 60 g kalte Butter, Saft von 1/2 Zitrone

1 Den Spargel schälen, die unteren holzigen Enden abschneiden. Spargelschalen und -enden waschen und in 1,5 l Wasser etwa 30 Minuten köcheln. Die Spargelschalen abgießen. 750 ml des Kochsudes auffangen.

2 Die Spargelstangen im Spargeldämpftopf in wenig Wasser mit Butter, Salz und Zucker etwa 20 Minuten bissfest garen.

3 Die Speisestärke mit den Eigelben verquirlen und unter Rühren zum Spargelsud geben. In einem Topf bei geringer Temperatur schaumig schlagen, dann aufkochen lassen und vom Herd nehmen.

4 Die kalte Butter Stück für Stück unter die Sauce rühren, jeweils erst ein Stück auflösen lassen, bevor das nächste eingerührt wird. Die Sauce mit Zitronensaft, Salz und Zucker abschmecken. Spargel aus dem Topf nehmen, abtropfen lassen und mit der Zitronensauce servieren.

Zubereitungszeit 35 Minuten
(plus Garzeit)
Pro Portion ca. 280 kcal/1176 kJ
11 g E · 21 g F · 12 g KH

Fleisch und Geflügel

Gebratene Leberwurst mit Zwiebeln

Zutaten für 6 Personen

1 kg Zwiebeln, 500 g geräucherte Leberwurst zum Braten, 3 El Butter, 3 Eier, 4 El Milch, Pfeffer, Muskat, Majoran, Salz

1 Die Zwiebeln schälen und in dünne Ringe schneiden. Die Leberwurst in dünne Scheiben schneiden.

2 Die Butter in einer Pfanne erhitzen und die Zwiebeln darin etwa 10 Minuten goldgelb dünsten. Dann die Leberwurstscheiben hinzufügen. Alles weitere 10 Minuten schmoren, bis die Leberwurst kross ist.

3 Eier und Milch miteinander verquirlen, mit den Gewürzen kräftig abschmecken und über die Zwiebel-Wurst-Masse geben. Die Mischung bei geschlossenem Deckel stocken lassen.

4 Den fertigen "Zwiebelbraten" auf eine Platte stürzen und zerteilen. Mit frischem Brot und Tomatensalat servieren.

Tipp: Die echten Pfälzer lieben dieses Gericht auch mit gebratener Blutwurst oder gebratenem Leber- bzw. Fleischkäse.

Zubereitungszeit 25 Minuten
(plus Schmorzeit)
Pro Portion ca. 398 kcal/1673 kJ
20 g E · 31 g F · 10 g KH

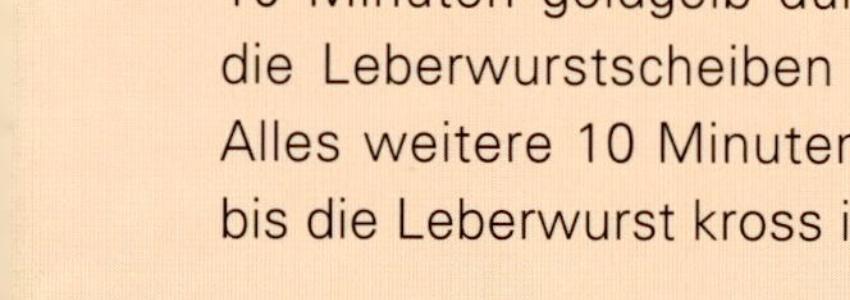

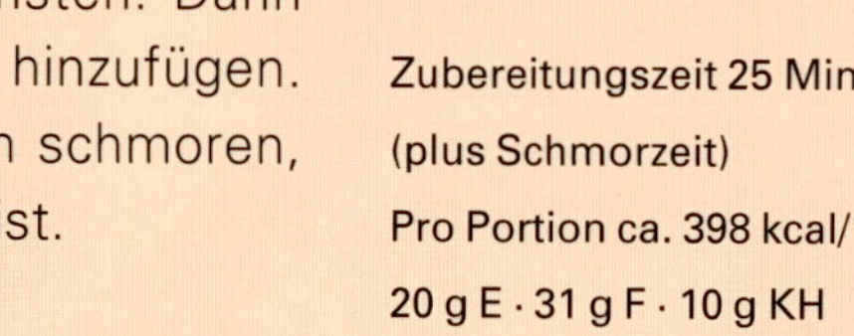

Leberknepp

Zutaten für 4 Personen

2 altbackene Brötchen, Milch, 500 g Kalbsleber, 200 g Schweinekamm, 1 Zwiebel, 3 Eier, Salz, Pfeffer, Muskat, Majoran, 2 l Fleischbrühe

1 Die Brötchen in der warmen Milch einweichen. Leber und Schweinekamm grob würfeln. Die Zwiebel schälen und fein hacken. Die Brötchen gut ausdrücken.

2 Leber, Schweinekamm, Brötchen und Zwiebel im Mixer fein pürieren oder durch den Fleischwolf drehen. Die Eier zufügen und mit den Gewürzen kräftig abschmecken. Den Leberknödelteig etwa 2 Stunden kühl stellen.

3 In einem Topf die Brühe zum Kochen bringen. Mit einem Esslöffel Klöße abstechen und in der kochenden Brühe etwa 15 Minuten garen.

4 Wenn die Leberknödel an die Oberfläche kommen, mit einer Schaumkelle herausnehmen. Zu Sauerkraut und Kartoffelpüree servieren.

Zubereitungszeit 15 Minuten
(plus Kühl- und Kochzeit)
Pro Portion ca. 395 kcal/1659 kJ
44 g E · 16 g F · 19 g KH

Fleischklöße in Meerrettichsauce

Zutaten für 4 Personen

2 alt backene Brötchen, 250 g Schweinefleisch, 250 g Rindfleisch, 250 g Kalbfleisch, 2 Eier, Salz, Pfeffer, Muskat nach Geschmack, 1 Bund Petersilie, 2 l Fleischbrühe, 3 El Butter, 3 El Mehl, 500 ml Milch, Salz, Pfeffer, 2–3 El Meerrettich aus dem Glas

1 Die Brötchen in Wasser einweichen. Nach 10 Minuten herausholen und gut ausdrücken. Die verschiedenen Fleischsorten in Würfel schneiden. Brötchen und Fleisch im Mixer pürieren oder durch den Fleischwolf drehen.

2 Die Fleischmasse mit den Eiern und den Gewürzen mischen. Die Petersilie waschen, trockenschütteln und fein hacken. Unter die Fleischmasse rühren und alles zu einem glatten Teig verarbeiten. 15 Minuten ruhen lassen.

3 Die Fleischbrühe erhitzen. Mit feuchten Händen aus der Fleischmasse tischtennisballgroße Klöße formen und in der kochenden Brühe etwa 20 Minuten ziehen lassen.

4 Aus Butter und Mehl eine Mehlschwitze herstellen und mit der Milch ablöschen. Aufkochen lassen, mit Salz und Pfeffer abschmecken und den Meerrettich unterrühren. Fleischklöße aus dem Topf holen. Mit der Meerrettichsauce zu Bratkartoffeln servieren.

Zubereitungszeit 20 Minuten
(plus Ruhe-, und Garzeit)
Pro Portion ca. 528 kcal/2216 kJ
48 g E · 29 g F · 19 g KH

Blutwurst im Kohl

Zutaten für 4 Personen

1 Weißkohlkopf, 500 g geräucherte Blutwurst, 2 Äpfel, 2 Zwiebeln, 4 El Butterschmalz, Salz, Pfeffer, 1 Tl Majoran, 500 ml Fleischbrühe, 2 El Essig, 2 El Honig

1 Den Kohl putzen, waschen und den harten Strunk herausschneiden. 12 größere Blätter ablösen und in kochendem Salzwasser etwa 5 Minuten blanchieren. Dann aus dem Topf nehmen, abtropfen lassen und die Blätter auf einer Arbeitsfläche ausbreiten.

2 Den Backofen auf 220 °C (Umluft 200 °C) vorheizen. Die Blutwurst von der Pelle befreien und in kleine Würfel schneiden. Die Äpfel schälen, von den Kerngehäusen befreien und in feine Blättchen schneiden. Die Zwiebeln schälen und in Ringe schneiden.

3 2 El Butterschmalz in einer Pfanne schmelzen und Äpfel sowie Zwiebeln darin andünsten. Die Blutwurstwürfel hinzufügen und 2 Minuten mitschmoren. Die Mischung mit Salz, Pfeffer und Majoran abschmecken und abkühlen lassen.

4 Die Blutwurstmasse auf die Kohlblätter verteilen und mit Rouladennadeln zusammenstecken. Restliches Butterschmalz in einem Schmortopf schmelzen und die Blutwurstrouladen hineinlegen.

5 Die Fleischbrühe mit Essig und Honig verrühren und dazugießen. Die Rouladen im Ofen etwa 35 Minuten schmoren.

Zubereitungszeit 30 Minuten
(plus Schmor- und Bratzeit)
Pro Portion ca. 555 kcal/2331 kJ
22 g E · 45 g F · 15 g KH

Gespickter Rinderbraten in Bier

Zutaten für 4 Personen

100 g Speck, 1 kg Rinderbraten, Salz, Pfeffer, 1 Bund Suppengrün, 1 Zwiebel, 30 g Butter, 1 kleine Flasche helles Bier (330 ml), 1 El Mehl, Zucker, 1 Gewürzgurke

1 Den Speck in dünne Streifen schneiden. Den Rinderbraten mit einem Messer einritzen und mit den Speckstreifen spicken. Salzen und pfeffern.

2 Das Suppengrün putzen, waschen und klein schneiden. Die Zwiebel schälen und würfeln. Die Butter in einer Pfanne erhitzen und das Fleisch darin von allen Seiten gut anbraten. Suppengrün und Zwiebel hinzufügen und 5 Minuten mitschmoren.

3 Mit dem Bier ablöschen und das Fleisch etwa 1 Stunde 30 Minuten garen. Eventuell etwas Wasser nachgießen. Fleisch aus der Pfanne nehmen und warm stellen.

4 Den Bratensud aufkochen und mit dem Mehl binden. Mit Salz, Pfeffer und Zucker pikant abschmecken. Die Gurke in kleine Würfel schneiden und unter die Sauce heben. Da Fleisch in Scheiben schneiden und mit der Sauce überzogen servieren.

Zubereitungszeit 20 Minuten
(plus Kochzeit)
Pro Portion ca. 515 kcal/2163 kJ
55 g E · 28 g F · 7 g KH

Pfälzer Saumagen

Zutaten für 8 Personen

500 g Schweine-Vorderschinken, 500 g magerer Schweinebauch, 500 g Kartoffeln, 2 Zwiebeln, 500 g Bratwurstmasse, 4 Eier, Majoran, Thymian, Nelkenpulver, Salz, Pfeffer, 1 gereinigter Schweinemagen (beim Metzger erhältlich), 3 El Butter

1 Schweineschinken und Schweinebauch in etwa 1/2 cm große Würfel schneiden. Die Kartoffeln waschen, schälen und ebenfalls würfeln. Die Zwiebeln schälen und fein hacken.

2 Fleisch, Kartoffeln, Zwiebeln und Bratwurstmasse miteinander mischen und zu einem festen Teig verkneten. Mit den Gewürzen pikant abschmecken. Die Masse in den Schweinemagen füllen und mit Küchengarn zunähen.

3 Den Schweinemagen in kochendes Wasser geben und etwa 4 Stunden bei geringer Temperatur (ca. 75 °C) ziehen lassen. Dann herausnehmen und in kaltem Wasser abschrecken. Trocknen und abkühlen lassen.

4 Den Saumagen in Scheiben schneiden und vor dem Servieren in der Pfanne in heißer Butter braten. Mit Sauerkraut und Brot oder Bratkartoffeln servieren.

Zubereitungszeit 30 Minuten
(plus Gar- und Kühlzeit)
Pro Portion ca. 543 kcal/2284 kJ
37 g E · 37 g F · 17 g KH

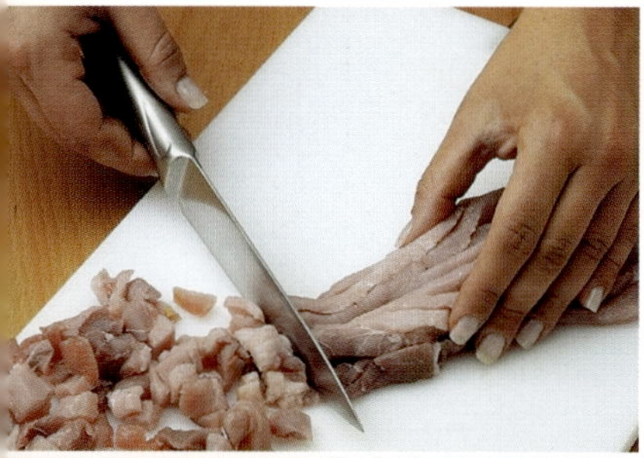

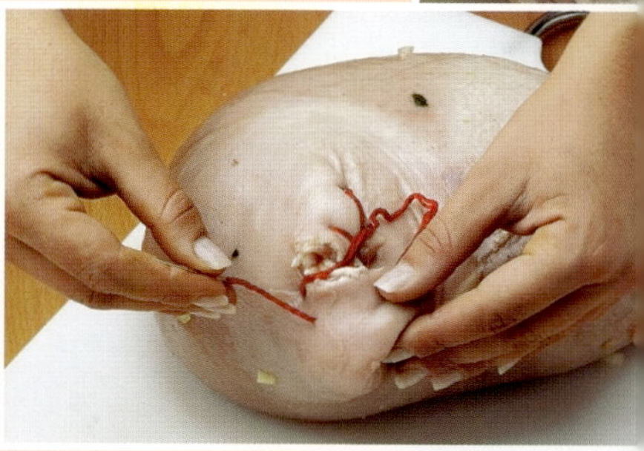

Dürkheimer Schweinebraten

Zutaten für 4 Personen

750 g Schweineschulter ohne Knochen, Salz, Pfeffer, 1 Knoblauchzehe, 1 Tl getrockneter Majoran, 1/2 Tl gemahlener Kümmel, 75 g fetter Speck, 4 El edelsüßes Paprikapulver, 50 g Butterschmalz, 1 Zwiebel, 1 Bund Suppengrün, 125 ml trockener Rotwein, 125 ml Rinderfond, 125 ml Sahne

1 Das Fleisch mit einem scharfen Messer an der Oberseite längs in etwa 3 cm Abstand 2 cm tief einschneiden. Knoblauch schälen und halbieren. Fleisch mit Salz, Pfeffer und Knoblauch, Majoran und Kümmel einreiben.

2 Den Speck in Streifen schneiden und in 2 El Paprikapulver wälzen. Die Speckstreifen in die Einschnitte im Fleisch stecken. Das Butterschmalz in einem Bräter erhitzen und das Fleisch bis auf die Oberfläche von allen Seiten gut anbraten.

3 Den Backofen auf 220 °C (Umluft 200 °C) vorheizen. Die Zwiebel schälen und würfeln. Das Suppengrün putzen, waschen und kleinschneiden. Zwiebel und Gemüse zum Fleisch geben und alles weitere 8 Minuten schmoren. Das restliche Paprikapulver einrühren.

4 Rotwein und Rinderfond in den Bräter geben und das Fleisch im Backofen etwa 1 Stunde 30 Minuten braten. Gelegentlich mit Bratenfond übergießen. Nach Ende der Garzeit Fleisch aus dem Bräter nehmen und warm stellen. Die Bratensauce durch ein Sieb passieren und die Sahne unterrühren. Das Fleisch in Scheiben schneiden und mit der Rotweinsauce servieren.

Zubereitungszeit 30 Minuten
(plus Brat- und Garzeit)
Pro Portion ca. 570 kcal/2394 kJ
44 g E · 41 g F · 6 g KH

Ochsenbrust mit Senfsauce

Zutaten für 4 Personen

1 Bund Suppengrün, 2 El Öl, 500 g Ochsenbrust, Salz, Pfeffer, 1 Prise gemahlene Muskatnuss, 1 Prise getrockneter Kerbel, 200 g Möhren, 250 g Schwarzwurzeln, 100 g Erbsen, 20 g Butter, 1 El Mehl, 250 ml trockener Weißwein, 3 El mittelscharfer Senf

1 Das Suppengrün putzen, waschen und kleinschneiden. Das Öl in einem großen Topf erhitzen und das Suppengrün darin etwa 5 Minuten andünsten. 1,5 Liter Wasser angießen und aufkochen lassen.

2 Die Ochsenbrust unzerteilt in die kochende Gemüsebrühe geben. Gewürze zufügen und 2 Stunden garen.

3 Möhren und Schwarzwurzeln schälen und in Stücke schneiden. Die Erbsen waschen. 20 Minuten vor Ende der Garzeit Möhren und 10 Minuten vor Ende Erbsen und Schwarzwurzelstücke zugeben.

4 Fleisch und Gemüse aus der Brühe nehmen und warm stellen. Für die Sauce 250 ml der Brühe durch ein Sieb passieren.

5 Die Butter in einem Topf erhitzen, das Mehl darin anschwitzen. Unter Rühren mit der Brühe angießen und aufkochen. Den Wein zugeben und den Senf unterheben. Sauce mit Salz und Pfeffer abschmecken. Ochsenbrust in Scheiben schneiden und mit der Sauce und dem Gemüse servieren.

Zubereitungszeit 20 Minuten
(plus Schmor- und Garzeit)
Pro Portion ca. 358 kcal/1502 kJ
29 g E · 22 g F · 9 g KH

Spanferkelrücken in Wein

Zutaten für 4 Personen

1 kg Spanferkelrücken mit Schwarte, Salz, schwarzer Pfeffer, 1 Tl edelsüßes Paprikapulver, 1/2 Tl getrockneter Majoran, 4 El Öl, 1 Bund Suppengrün, 1 Zwiebel, 1 Lorbeerblatt, 2 Nelken, 5 Pfefferkörner, 1/4 l Rotwein, 1 El Mehl, 100 g saure Sahne, 1/4 Tl Kümmel, 1/2 Tl gehackte frische Petersilie

1 Schwarte einschneiden. Salz, Pfeffer, Paprika und Majoran mischen und das Fleisch damit einreiben.

2 Das Öl in einem Bräter erhitzen und den Spanferkelrücken darin von allen Seiten etwa 15 Minuten anbraten. Das Suppengrün putzen, waschen und klein schneiden. Die Zwiebel schälen, halbieren und jede Hälfte mit 1/2 Lorbeerblatt und 1 Nelke spicken.

3 Suppengemüse, Zwiebelhälften und Pfefferkörner zum Fleisch geben und etwa 5 Minuten mitschmoren. Dann den Rotwein angießen. Den Bräter schließen und das Fleisch ca. 30 Minuten garen. Den Backofen auf 220 °C (Umluft 200 °C) vorheizen.

4 Das Fleisch aus dem Bräter nehmen und im Backofen in der Fettpfanne weitere 45 Minuten braten, bis die Haut schön knusprig ist. Den Bratenfond durch ein Sieb passieren und in einen Topf geben. Das Mehl mit etwas Wasser anrühren und die Sauce damit andicken. Die saure Sahne einrühren und mit Salz, Pfeffer und Kümmel abschmecken. Das Fleisch aus dem Backofen nehmen und in Scheiben schneiden, mit Sauce überziehen und mit Petersilie bestreut servieren. Dazu Rotkraut und Knödel reichen.

Zubereitungszeit 25 Minuten
(plus Schmor- und Bratzeit)
Pro Portion ca. 510 kcal/2142 kJ
55 g E · 29 g F · 6 g KH

Gespickter Lummerbraten mit Sherry

Zutaten für 4 Personen

40 g Speck, Lummerbraten (ca. 750 g), Salz, weißer Pfeffer, 2 El Öl, 30 g Butter, 1 Zwiebel, 100 ml trockener Sherry, 4 El Créme fraîche

1 Speck in 1/2 cm dicke Streifen schneiden und den Braten damit spicken. Dazu mit dem Messer oben kleine Taschen in das Fleisch schneiden und die Speckstreifen hineinstecken. Fleisch mit Salz und Pfeffer einreiben.

2 Das Öl in einem Bräter erhitzen. Die Lende darin von beiden Seiten 2 Minuten scharf anbraten. Butter zerlassen und den Braten damit begießen. Das Fleisch auf jeder Seite noch weitere 10 Minuten braten.

3 Die Zwiebel schälen und würfeln. Zum Fleisch geben und einige Minuten mitschmoren. Den Sherry angießen. Alles weitere 15 Minuten schmoren und gelegentlich mit dem Bratfond übergießen.

4 Das Fleisch aus der Pfanne nehmen. Die Sauce kurz einkochen lassen, dann mit den Gewürzen und der Créme fraîche abschmecken. Lende in Scheiben schneiden und mit Zwiebelmus und Kartoffelkroketten servieren.

Zubereitungszeit 20 Minuten
(plus Bratzeit)
Pro Portion ca. 368 kcal/1544 kJ
44 g E · 20 g F · 1 g KH

Weinhähnchen nach Pfälzer Art

Zutaten für 4 Personen

250 g Zwiebeln, 80 g Butter, 70 g Speck in Scheiben, 500 ml Rotwein, 1 Knoblauchzehe, Salz, 1/2 Lorbeerblatt, 1 Hähnchen von 1,2 kg, 1 El Mehl, Pfeffer, Cayennepfeffer, 1 Glas (2 cl) Weinbrand, 120 g frische Champignons, 2 El Öl, 2 Scheiben Roggenbrot, 1 Bund gehackter frischer Schnittlauch

1 Die Zwiebeln schälen und würfeln. 40 g Butter in einem Topf erhitzen. 30 g Speck und Zwiebeln in der Butter glasig dünsten. Mit Wein aufgießen und gut durchkochen. Die Knoblauchzehe schälen, mit Salz zerdrücken und mit dem Lorbeerblatt in den Topf geben.

2 Das Hähnchen in 4 Portionsstücke teilen und salzen. Die restliche Butter in einer Pfanne erhitzen und die Hähnchenstücke darin von allen Seiten braun anbraten.

3 Die Hähnchenstücke im Weinsud 50 Minuten garen. Das Fleisch herausnehmen und warm stellen.

4 Den Kochfond mit Mehl binden und unter Rühren etwa 7 Minuten köcheln. Mit Pfeffer, Cayennepfeffer und Weinbrand abschmecken. Das Hähnchen im Topf etwa 20 Minuten durchziehen lassen.

5 Die Champignons putzen, feucht abreiben und in Scheiben schneiden. Den restlichen Speck in feine Streifen schneiden. Öl in einer Pfanne erhitzen und Champignons sowie Speck darin leicht anbraten. Über dem Hühnerfleisch verteilen. Das Roggenbrot in Würfel schneiden und anrösten. Das Gericht mit dem Brot und Schnittlauch garnieren und servieren.

Zubereitungszeit 1 Stunde, 20 Minuten

Pro Portion ca. 182 kcal/763 kJ

9 g E · 9 g F · 11 g KH

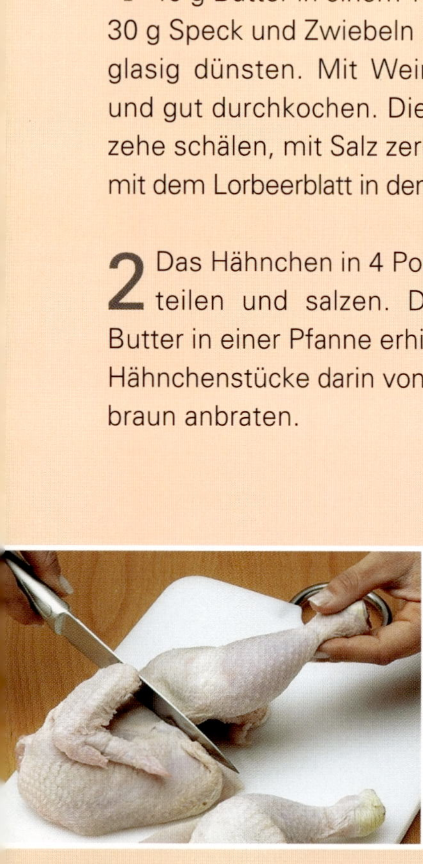

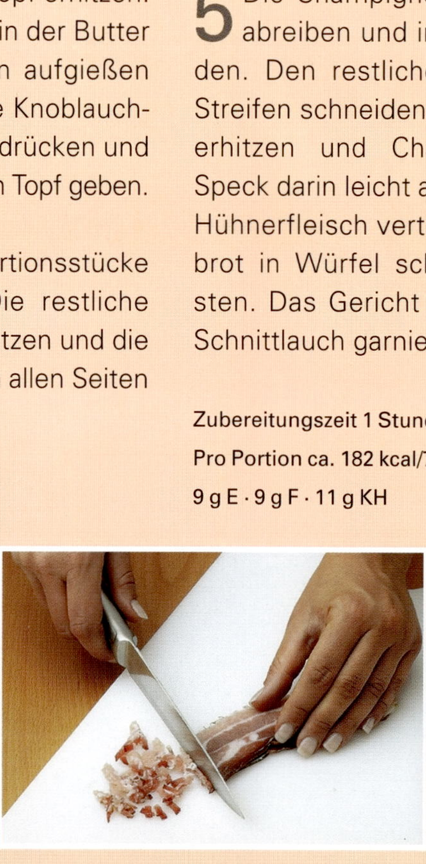

Ente mit Maronenfüllung

Zutaten für 4 Personen

250 g Maronen (Esskastanien), 1/2 Sellerieknolle, 60 g Butter, 1/2 l Rosé, Salz, 1 junge Freilandente von 1,5 kg, schwarzer Pfeffer, 1 Zwiebel, 3 Tl Speisestärke

1 Maronen kreuzweise einschneiden und in einem Topf mit 1 Liter Wasser 15 Minuten kochen. Dann schälen. Sellerieknolle waschen, schälen und grob würfeln.

2 20 g Butter in einem Topf erhitzen und die Selleriewürfel 5 Minuten anbraten. Wein zugießen, salzen, Maronen dazugeben und alles 15 Minuten köcheln. Abgießen und den Sud auffangen. Anschließend Maronen und Sellerie pürieren.

3 Den Backofen auf 200 °C (Umluft 180 °C) vorheizen. Die Ente innen und außen salzen und mit Pfeffer einreiben. Die Maronen-Sellerie-Masse in die Ente füllen und mit Küchengarn zunähen.

4 Die restliche Butter in einem Bräter erhitzen. Die Ente darin rundherum in 15 Minuten anbraten. Den Bräter schließen und die Ente im Ofen etwa 1 Stunde 20 Minuten braten. Nach und nach mit dem heißen Wein begießen.

5 Die Zwiebel schälen und würfeln. 30 Minuten vor Ende der Garzeit die Zwiebeln zufügen. 10 Minuten vor Ende der Garzeit den Deckel abnehmen, Ente aus dem Bräter nehmen, tranchieren und anrichten.

6 Die Sauce durch ein Sieb in einen kleinen Topf gießen und entfetten. Mit in kaltem Wasser angerührter Speisestärke binden. Die Sauce getrennt reichen.

Zubereitungszeit 40 Minuten
(plus Koch- und Bratzeit)
Pro Portion ca. 535 kcal/2247 kJ
30 g E · 33 g F · 25 g KH

Ente mit Orangensauce

Zutaten für 4 Personen

1 Ente (ca. 1,5 kg), Salz, Pfeffer, 2 unbehandelte Orangen, 1 unbehandelte Zitrone, 1 El Butter, 250 ml Geflügelfond, 1 El Orangenmarmelade, 2 El Orangenlikör, 125 ml Sahne

1 Die Ente waschen und innen und außen mit Salz und Pfeffer einreiben. 1 Orange heiß abwaschen, in Scheiben schneiden und in die Ente legen. Den Backofen auf 250 °C (Umluft 230 °C) vorheizen.

2 Die Ente in einen Bräter legen und im heißen Backofen von beiden Seiten etwa 7 Minuten stark anbraten. Den Ofen auf 180 °C (Umluft 160 °C) herunterschalten und die Ente darin noch etwa 30 Minuten braten. Dann den Ofen ausschalten und den Bräter noch etwa 30 Minuten im heißen lassen, bis die Ente schon kross ist.

3 Für die Sauce Zitrone und restliche Orange schälen und die Schalen in ganz feine Streifen schneiden. Die Orange auspressen Die Butter in einem Topf schmelzen und die Zitrusschalenstreifen darin andünsten. Dann aus dem Topf nehmen.

4 Den Orangensaft in den Topf geben und mit dem Geflügelfond auffüllen, die Flüssigkeit aufkochen und die Marmelade einrühren. Die Sauce mit den Gewürzen abschmecken. Orangenlikör und Sahne unterheben und alles einmal aufkochen lassen. Die Schalenstreifen zuletzt zur Sauce geben.

Zubereitungszeit 20 Minuten
(plus Schmor- und Bratzeit)
Pro Portion ca. 478 kcal/2006 kJ
29 g E · 38 g F · 5 g KH

Spießbraten mit Rotweinsauce

Zutaten für 4 Personen

1 kg Rindfleisch vom Bug, 250 g Dörrfleisch, 500 g Zwiebeln, 1 Bund Petersilie, Salz, Pfeffer, 1 Bund Suppengrün, 1 Liter trockener Rotwein, 2 Lorbeerblätter, 5 Nelken, je 5 zerstoßene Wacholderbeeren und Pfefferkörner, 2 El Mehl

1 Das Fleisch so aufschneiden, dass eine Scheibe entsteht. Das Dörrfleisch in dünne Streifen schneiden und auf dem Fleisch verteilen. Zwiebeln schälen und hacken. Gehackte Zwiebeln auf die Dörrfleischstreifen legen.

2 Die Petersilie waschen, trockenschütteln und fein hacken. Das Fleisch mit Salz und Pfeffer würzen und mit Petersilie bestreuen. Dann die Fleischscheibe zusammenrollen und mit Küchengarn umwickeln.

3 Das Suppengrün putzen, waschen und klein schneiden. Aus 750 ml Rotwein, Suppengrün und Gewürzen eine Marinade herstellen und das Fleisch darin etwa 24 Stunden einlegen.

4 Den Backofen auf 200 °C (Umluft 180 °C) vorheizen. Die Fleischrolle aus der Marinade nehmen und trockentupfen. Den Braten in einem Bräter im Backofen etwa 1 Stunde 30 Minuten braten. Dann auf den Grillspieß stecken und unter dem Drehgrill grillen, bis die Oberfläche schön knusprig ist.

5 Den Bratensaft auffangen und mit dem restlichen Rotwein aufkochen. Das Mehl in wenig Wasser rühren und den Bratensaft damit binden. Mit Salz und Pfeffer abschmecken. Den Spießbraten in Scheiben schneiden und mit der Sauce servieren.

Zubereitungszeit 30 Minuten
(plus Marinier-, Brat- und Grillzeit)
Pro Portion ca. 500 kcal/2100 kJ
52 g E · 22 g F · 13 g KH

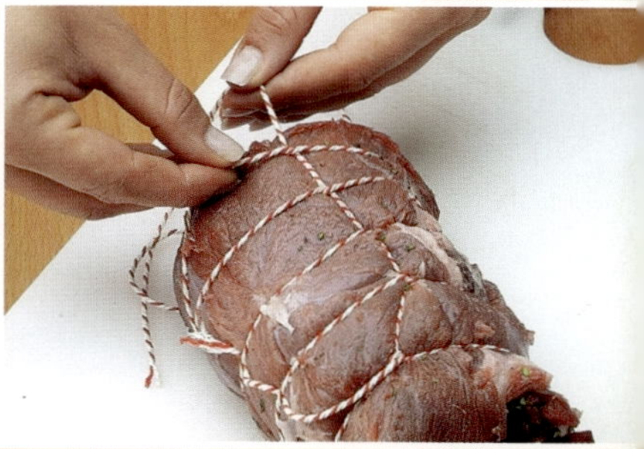

…eßbraten mit Rotweinsauce

Wildgerichte

Dippehas

Zutaten für 4 Personen

275 g Schweinebauch, 3 El Öl, 3 Zwiebeln, 1 Knoblauchzehen, 1 küchenfertiger Hase, Salz, Pfeffer, 400 ml Rotwein, 100 ml Wildfond, 3 Karotten, 100 g Sellerie, 3 Lorbeerblätter, 6 Wacholderbeeren, 3 Nelken, 3 Pimentkörner, 1 Scheibe Schwarzbrot

1 Den Backofen auf 180 °C (Umluft 160 °C) vorheizen. Den Schweinebauch in Würfel schneiden. Öl in einem Bräter erhitzen und die Würfel darin anbraten. Zwiebeln schälen und würfeln und Knoblauch schälen und hacken. Beides zum Schweinebauch geben und mitschmoren.

2 Den Hasen in 8–10 Teile schneiden und in den Bräter geben. Mit Salz und Pfeffer würzen und von allen Seiten gut anbraten. Rotwein und Wildfond zugeben.

3 Karotten und Sellerie putzen, schälen und in kleine Stifte schneiden. Gemüse, Lorbeerblätter und Gewürzkörner zum Hasen geben. Schwarzbrot zerkrümeln und hinzufügen. Den Bräter verschließen und im Ofen etwa 1 Stunde 30 Minuten schmoren.

4 Nach Ende der Garzeit das Gericht im Bräter mit breiten Nudeln servieren.

Zubereitungszeit 25 Minuten
(plus Schmor- und Garzeit)
Pro Portion ca. 495 kcal/2079 kJ
48 g E · 30 g F · 7 g KH

Hasenpastete

Zutaten für 6 Personen

1 Zwiebel, 750 Hasenfleisch, 250 g Schweinenacken, 1 Knoblauchzehe, 1 Ei, 1 El gehackter frischer Kerbel, 1/8 l Kalbsbrühe, Mehl, Salz, Pfeffer, 6 dünne Scheiben fetter Speck, 2 cl Weinbrand

1 Die Zwiebel schälen. Das Fleisch grob würfeln. Fleisch und Zwiebel im Mixer zerkleinern. Den Knoblauch schälen, zerdrücken und mit Ei und Kerbel zum Fleisch geben. Die Masse mit einem Teil der Brühe und Mehl binden, sodass ein geschmeidiger Teig entsteht. Mit Salz und Pfeffer kräftig würzen.

2 Den Backofen auf 200 °C (Umluft 180 °C) vorheizen. Eine Kastenform mit der Hälfte der Speckscheiben auslegen. Den Teig einfüllen und mit restlichen Speckscheiben abdecken. Den Rest der Kalbsbrühe und den Weinbrand darüber gießen.

3 Im Ofen im Wasserbad zugedeckt 1–1 Stunde 30 Minuten garen. Das Fett abschöpfen und die Pastete noch warm servieren. Dazu frisches Weißbrot reichen.

Zubereitungszeit 25 Minuten
(plus Garzeit)
Pro Portion ca. 310 kcal/1302 kJ
38 g E · 16 g F · 2 g KH

Rehkeule mit Rotweinsauce

Zutaten für 4 Personen

1,2 kg Rehkeule, Salz, Pfeffer, 8 Wacholderbeeren, 1/2 Tl getrockneter Thymian, 1/2 Tl getrockneter Majoran, 1/2 Tl getrockneter Rosmarin, 1 Lorbeerblatt, 125 g Räucherspeck, 2 Zwiebeln, 1 El Butterschmalz, 240 ml trockener Rotwein, 1 El Speisestärke, 125 ml Crème fraîche

1 Den Backofen auf 180 °C (Umluft 160 °C) vorheizen. Die Rehkeule von Haut und Sehnen befreien und mit Salz und Pfeffer einreiben. Die Wacholderbeeren zerdrücken und mit den Kräutern vermischen. Die Rehkeule mit dieser Mischung einreiben.

2 Den Speck in dünne Scheiben schneiden und die Keule damit umwickeln. Die Zwiebeln schälen und fein würfeln. Einen Bräter mit dem Butterschmalz einfetten. Die Rehkeule hineinlegen und die Zwiebeln dazugeben. Im Backofen etwa 45 Minuten schmoren. Während der Garzeit gelegentlich mit Wasser übergießen.

3 Nach Ende der Garzeit den Speck entfernen und die Keule weitere 30 Minuten braun werden lassen. Dann aus dem Bräter nehmen und warm stellen. Den Bratensaft mit dem Rotwein aufkochen.

4 Die Speisestärke in wenig Wasser einrühren und die Sauce damit binden. Die Crème fraîche unterrühren und die Sauce mit Salz und Pfeffer abschmecken. Die Rehkeule mit Klößen und Rotkohl servieren.

Zubereitungszeit 15 Minuten
(plus Schmor- und Garzeit)
Pro Portion ca. 433 kcal/1819 kJ
60 g E · 18 g F · 5 g KH

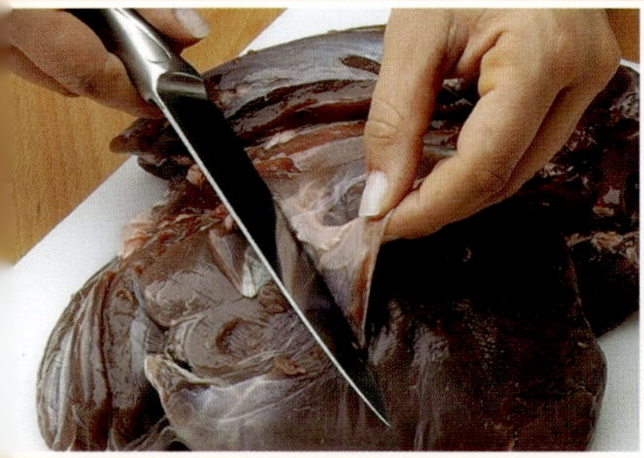

Rehmedaillons mit Kräuterbutter

Zutaten für 4 Personen

80 g Butter, 1 Bund frische gemischte Kräuter, 1 Schuss Riesling, 4 zarte Hirschfilets, 4 El Spätburgunder Rotwein, 4 El Öl, Pfeffer, Salz

1 Die Butter weich werden lassen. Die Kräuter waschen, trockenschütteln und fein hacken. Mit der Butter mischen und mit einem Schuss Riesling verfeinern. Im Kühlschrank fest werden lassen. Die Butter benötigt im Kühlschrank etwa 45 Minuten um wieder fest zu werden!

2 Rehmedaillons beidseitig mit dem Rotwein beträufeln. Zugedeckt 30 Minuten marinieren. Inzwischen den Backofengrill vorheizen.

3 Die Medaillons mit Öl bestreichen und pfeffern. Auf beiden Seiten etwa 6 Minuten grillen. Das Fleisch soll außen knusprig braun und innen noch zartrosa sein. Nach dem Grillen salzen. Die Rehmedaillons mit der Kräuterbutter servieren. Dazu passen Pfifferlinge, Kartoffelkroketten und Preiselbeer-Kompott.

Zubereitungszeit 20 Minuten
(plus Marinierzeit)
Pro Portion ca. 375 kcal/1575 kJ
31 g E · 28 g F · 1 g KH

Rotkohl-Wild-Roulade

Zutaten für 4 Personen

1 Kopf Rotkohl, 4 Scheiben fetter Speck, 4 Tl Preiselbeergelee, 1 Brötchen, 250 g Wildschwein, 100 g gemischte Pilze, 1 Zwiebel, 1 Ei, Salz, Pfeffer, 1 Tl Thymian, 1 Tl Majoran, 3 El Pflanzenöl, 200 ml Rotwein, 250 ml Fertig-Bratensauce, 150 g saure Sahne, 100 g Preiselbeeren, 2 El Essig, 4 cl Kirschwasser

1 Den Kohl putzen, waschen und den harten Strunk herausschneiden. 12 größere Blätter ablösen und in kochendem Salzwasser etwa 5 Minuten blanchieren.

2 Je 3 Kohlblätter von innen nach außen übereinander legen. Pro Portion 1 Scheibe Speck und 1 Tl Preiselbeergelee darauf verteilen. Den Backofen auf 220 °C (Umluft 200 °C) vorheizen.

3 Das Brötchen in warmer Milch einweichen. Das Wildfleisch pürieren. Pilze putzen und fein hacken. Zwiebel schälen und fein hacken. Ausgedrücktes Bötchen, Pilze, Zwiebeln und Ei mit Wildfleisch mischen und zu einem glatten Teig verkneten. Mit Salz, Pfeffer, Thymian und Majoran abschmecken.

4 Die Fleischmasse auf die Kohlblätter verteilen und mit Rouladennadeln zusammenstecken. Das Öl in einem Schmortopf erhitzen und die Kohlrouladen hineinlegen. Im Ofen etwa 40 Minuten garen. Mit Rotwein und Bratensauce übergießen.

5 Die Rouladen aus dem Bräter nehmen und warm stellen. Die Sauce mit saurer Sahne, Preiselbeeren, Essig und Kirschwasser etwas einkochen lassen.

Zubereitungszeit 25 Minuten
(plus Bratzeit)
Pro Portion ca. 255 kcal/1071 kJ
20 g E · 14 g F · 12 g KH

Wildschweinragout mit Kastanien

Zutaten für 4 Personen
3 Zwiebeln, 1 Knoblauchzehe, 2 El Butterschmalz, 1 kg Wildschweinfleisch aus der Keule, 50 g Mehl, 750 ml kräftiger Rotwein, 1 Bund gemischte Kräuter, Salz, Pfeffer, 400 g Kastanien (aus dem Glas)

1 Die Zwiebeln und den Knoblauch schälen und grob hacken. 1 El Butterschmalz in einem Bräter erhitzen und Zwiebeln sowie Knoblauch darin glasig dünsten. Dann aus dem Fett nehmen und beiseite stellen.

2 Das Fleisch in mundgerechte Stücke schneiden. Die Fleischstücke im Mehl wenden und im restlichen Butterschmalz im Bräter von allen Seiten gut anbraten.

3 Den Wein in den Bräter gießen, die Kräuter waschen, trockenschütteln und zusammengebunden dazugeben. Mit Salz und Pfeffer würzen. Zwiebeln und Knoblauch wieder dazugeben und das Fleisch abgedeckt etwa 1 Stunde 30 Minuten garen.

4 Inzwischen die Kastanien aus dem Glas in ein Sieb gießen und abtropfen lassen. Kastanien grob würfeln und etwa 20 Minuten vor Ende der Garzeit zum Fleisch geben. Mit Nudeln oder Klößen servieren.

Zubereitungszeit 20 Minuten
(plus Schmor- und Garzeit)
Pro Portion ca. 553 kcal/2320 kJ
53 g E · 16 g F · 47 g KH

Hirschbraten mit Speck

Zutaten für 4 Personen

1 kg Hirschschulter oder -keule, 150 g fetter Speck, Salz, Pfeffer, 1 Bund Suppengrün, 3 El Butterschmalz, 500 ml Rotwein, 8 Wacholderbeeren, 1 Lorbeerblatt, 2 El Mehl, 1 Becher Crème fraîche

1 Den Backofen auf 180 °C (Umluft 160 °C) vorheizen. Dem Fleisch mit einem scharfen Messer an der Oberfläche etwa 2 cm tiefe Schnitte beibringen. Den Speck in Streifen schneiden und das Hirschfleisch damit spicken.

2 Das Fleisch mit Salz und Pfeffer einreiben. Das Suppengemüse putzen, waschen und klein schneiden. Das Butterschmalz in einem Bräter erhitzen und den Braten darin von allen Seiten gut anbraten. Etwas Wein auffüllen und die Wacholderbeeren und das Lorbeerblatt zufügen.

3 Den Braten im Ofen etwa 2 Stunde garen. Währenddessen den restlichen Wein und nach Bedarf Wasser zugießen. Nach Ende der Garzeit den Braten aus dem Bräter nehmen und warm stellen.

4 Den Bratensaft mit Wasser loskochen und durch ein Sieb passieren. Das Mehl in die Crème fraîche rühren und die Bratensauce damit binden. Hirschbraten mit Sauce, Rotkohl und Klößen servieren.

Zubereitungszeit 25 Minuten
(plus Schmor- und Garzeit)
Pro Portion ca. 463 kcal/1943 kJ
60 g E · 23 g F · 4 g KH

Kaninchenbraten mit Portweinsauce

Zutaten für 8 Personen

1 küchenfertiges Kaninchen von 2 kg, 3 El Öl, 2 Knoblauchzehen, Salz, 5 El Olivenöl, 5 El Zitronensaft, 1 El frische gehackte oder getrocknete Majoranblätter, Pfeffer, 3 Tl Speisestärke, 3 El Portwein

1 Den Backofen auf 240 °C (Umluft 220°C) vorheizen. Das Kaninchen von Haut und Sehnen befreien. Das Öl in einem Bräter erhitzen und das Kaninchen darin in 15 Minuten rundherum braun anbraten. 500 ml heißes Wasser in den Bräter geben und das Fleisch 90 Minuten im Ofen braten. Nach 45 Minuten wenden.

2 Inzwischen die Knoblauchzehen schälen und mit Salz zerdrücken. Olivenöl und Zitronensaft mit Majoran, Knoblauchzehen, Salz und Pfeffer in einem Schälchen verquirlen. Den Kaninchenbraten damit während der Bratzeit ab und zu bestreichen. Das Kaninchen aus dem Bräter nehmen und in Portionsstücke teilen. Auf einer vorgewärmten Platte anrichten und warm stellen.

3 Den Bratfond durch ein Sieb in einen Topf gießen. Die Speisestärke mit wenig Wasser verquirlen. Unter Rühren in den Bratfond geben und einmal aufkochen lassen. Die Sauce andicken und mit Portwein abschmecken. Die Sauce getrennt zum Kaninchen reichen.

Zubereitungszeit 15 Minuten
(plus Bratzeit)
Pro Portion ca. 218 kcal/914 kJ
24 g E · 13 g F · 2 g KH

Fischgerichte

Aal auf Weinkraut

Zutaten für 4 Personen

1 Apfel, 2 Zwiebeln, 4 El Butter, 500 g Sauerkraut, 1 Lorbeerblatt, 6 zerdrückte Wacholderbeeren, 200 ml trockener Pfälzer Weißwein, 1 El Zucker, 1 Tl gemahlener Koriander, Salz, Pfeffer, 1 kg küchenfertiger Aal, 3 El Zitronensaft

1 Den Apfel waschen, schälen, vom Kerngehäuse befreien und das Fruchtfleisch in Würfel schneiden. Die Zwiebeln schälen und in Spalten schneiden.

2 Die Butter in einem Topf erhitzen und Apfel sowie Zwiebeln darin etwa 5 Minuten schmoren. Sauerkraut, Lorbeerblatt und die Wacholderbeeren zufügen und den Wein unterrühren. Alles 15 Minuten köcheln. Dann Zucker und Koriander hinzufügen und mit Salz und Pfeffer abschmecken. Alles in eine Auflaufform füllen.

3 Den Backofen auf 200 °C (Umluft 180 °C) vorheizen. Den Aal waschen und trockentupfen, dann in Stücke schneiden. Mit dem Zitronensaft beträufeln und mit Salz und Pfeffer würzen. Aalstücke auf dem Weinkraut verteilen und die Form mit Alufolie verschließen.

4 Den Auflauf im Ofen etwa 20 Minuten backen. Dazu Kartoffelpüree reichen und einen trockenen Pfälzer Weißwein servieren.

Zubereitungszeit 20 Minuten
(plus Koch- und Backzeit)
Pro Portion ca. 523 kcal/2195 kJ
25 g E · 42 g F · 10 g KH

Kochfisch mit Dillsauce

Zutaten für 4 Personen

1 kg küchenfertiger Kabeljau, 1 El Zitronensaft, Salz, Pfeffer, 500 ml Gemüsebrühe, 125 ml Fischfond, 3 El Butter, 3 El Mehl, 1/2 Bund Dill

1 Den Kabeljau waschen und trockentupfen. Mit Zitronensaft beträufeln und anschließend mit Salz und Pfeffer würzen. Dann den Fisch in Stücke schneiden.

2 Die Gemüsebrühe mit dem Fischfond in einem Topf zum Kochen bringen, dann die Temperatur herunterschalten und den Fisch darin etwa 15 Minuten garen. Den Fisch aus dem Sud nehmen und warm stellen. Den Kochsud aufbewahren.

3 Die Butter in einem Topf schmelzen und das Mehl hinzufügen. Unter Rühren anschwitzen lassen, dann mit 500 ml Fischsud ablöschen und aufkochen. Die Sauce unter Rühren etwas andicken. Dann mit Salz, Pfeffer und etwas Muskatnuss abschmecken und den Dill unterrühren.

4 Kabeljau mit Dillsauce überzogen servieren. Dazu Salzkartoffeln servieren.

Zubereitungszeit 15 Minuten
(plus Gar- und Kochzeit)
Pro Portion ca. 273 kcal/1145 kJ
44 g E · 9 g F · 4 g KH

Karpfen in Rotweinsauce

Zutaten für 8 Personen

1 kg küchenfertige junge Karpfen, Saft von 1 Zitrone, Salz, 40 g Speck, 1 Zwiebel, 1 Bund gemischte Kräuter, 1 Bund Suppengrün, 125 ml Rotwein, 1 Lorbeerblatt, 5 Pfefferkörner, 1/2 Tl Senfkörner, 50 g Butter

1 Die Fische innen und außen gründlich waschen, dann trockentupfen. Mit Zitronensaft beträufeln. Zugedeckt 10 Minuten marinieren. Dann innen und außen mit Salz einreiben. Den Speck in 1/2 cm dicke Streifen schneiden.

2 Die Zwiebel schälen und halbieren. Die Kräuter waschen und trockenschütteln. Das Suppengrün putzen, waschen, evtl. schälen und klein schneiden. Rotwein mit Zwiebel, Kräutern, Suppengrün, Lorbeerblatt, Pfeffer- und Senfkörnern in einem Topf aufkochen und salzen.

3 Die Fische hineinlegen und mit den Speckstreifen umgeben. 20 Minuten schmoren, dann mit einem Schaumlöffel herausnehmen. Karpfen mit Sauce und warmem Kartoffelsalat anrichten. Butter in einem Pfännchen leicht bräunen. Getrennt zu den Weißfischen reichen.

Zubereitungszeit 20 Minuten
(plus Marinier- und Schmorzeit)
Pro Portion ca. 423 kcal/1775 kJ
48 g E · 24 g F · 3 g KH

Forellen mit Pfifferlingen

Zutaten für 4 Personen

250 g frische kleine Pfifferlinge, 1 Zwiebel, 70 g Butter, Margarine zum Einfetten, 4 küchenfertige Forellen (à 250 g), Saft von 1 Zitrone, Salz, schwarzer Pfeffer, 1/4 l milder Weißwein, 1 Zitrone in Scheiben, 2 El gehackte frische Petersilie

1 Die Pfifferlinge putzen und mit einem Bürstchen säubern. Die Zwiebel schälen und würfeln. 2 El Butter in einer Pfanne erhitzen und die Zwiebel darin glasig dünsten. Die Pfifferlinge zugeben und 8 Minuten mitdünsten.

2 Den Backofen auf 200 °C (Umluft 180 °C) vorheizen. Eine große Auflaufform einfetten. Die Forellen waschen und trockentupfen. Innen und außen mit etwas Zitronensaft beträufeln, dann mit Salz und Pfeffer einreiben.

3 Die Pfifferlinge mit den Zwiebeln in die Auflaufform geben und die Forellen darauf legen. Den Wein angießen. In den vorgeheizten Backofen auf die mittlere Schiene stellen und 20 Minuten garen.

4 Forellen nach der Garzeit aus dem Ofen nehmen. Mit den Zitronenscheiben garnieren und mit Butterflöckchen belegt servieren. Die Pilze in der Weinsauce mit der Petersilie mischen und dazu servieren.

Zubereitungszeit 25 Minuten
(plus Garzeit)
Pro Portion ca. 355 kcal/1491 kJ
33 g E · 20 g F · 5 g KH

Wormser Backfisch

Zutaten für 4 Personen

4 große küchenfertige Forellen, Salz, Pfeffer, 100 g Mehl, Fett zum Braten

1 Die Fische gut waschen und mit Salz und Pfeffer einreiben. In Mehl wenden.

2 Die Butter in einer großen Pfanne erhitzen und die Fische darin von allen Seiten braten, bis die Haut knusprig ist.

3 Dazu passen Kartoffelsalat oder in Butter geschwenkte Salzkartoffeln.

Zubereitungszeit 10 Minuten
(plus Bratzeit)
Pro Portion ca. 260 kcal/1092 kJ
30 g E · 7 g F · 18 g KH

Rotbarsch mit Senfsauce

Zutaten für 4 Personen

4 Rotbarschfilets, 1 1/2 El Zitronensaft, Salz, Pfeffer, 1/2 l Fischfond, 1/8 l trockener Weißwein, 2 Schalotten, 3 El Butter, 125 g Crème fraîche, 3 El Dijonsenf, 1 Prise Zucker

1 Die Rotbarschfilets mit Zitronensaft beträufeln und mit Salz und Pfeffer würzen.

2 Den Fischfond und Wein in einen Topf geben und aufkochen, dann die Temperatur herunter drehen. Die Fischfilets in den Fond legen und bei geschlossenem Deckel etwa 6–8 Minuten darin garen. Das Fischfleisch darf nicht zerfallen.

3 Währenddessen die Schalotten schälen und fein hacken. Die Butter in einem Topf erhitzen und Schalotten darin glasig dünsten. 4 El des Fischsuds abnehmen und mit der Crème fraîche verrühren. Die Mischung zu den Schalotten geben und die Flüssigkeit unter Rühren cremig einkochen lassen.

4 Den Topf vom Herd nehmen und den Senf einrühren. Die Sauce mit Salz, Pfeffer und Zucker pikant abschmecken.

5 Die Fischfilets vorsichtig aus dem Topf nehmen, etwas abtropfen lassen und auf vier Tellern anrichten. Mit der Senfsauce überziehen und mit Salzkartoffeln servieren.

Tipp: Dieses einfache, aber sehr schmackhafte Fischgericht schmeckt auch mit anderen festfleischigen Fischsorten, wie zum Beispiel Dorsch oder Hecht.

Zubereitungszeit 15 Minuten
(plus Schmor- und Kochzeit)
Pro Portion ca. 315 kcal/1323 kJ
30 g E · 20 g F · 3 g KH

Zander in Weißwein

Zutaten für 4 Personen

800 g Zanderfilet, Saft von 1 Zitrone, 2 Zwiebeln, 1/2 l trockener Weißwein, Salz, 1 Bund Petersilie, 1 Zitrone, 40 g Butter

1 Die Zanderfilets waschen, trockentupfen und mit wenig Zitronensaft beträufeln. Die Zwiebeln schälen und grob hacken.

2 Den Wein mit 1/4 Liter Wasser, den Zwiebeln, Salz und Zitronensaft aufkochen. Den Zander darin etwa 10 Minuten ziehen lassen, bis er gar ist.

3 Die Petersilie waschen und trockentupfen. Die Zitrone heiß abwaschen und in Achtel schneiden. Die Butter zerlassen. Den Fisch auf eine längliche vorgewärmte Platte legen. Mit der Butter beträufeln und mit Petersilie und Zitrone garniert servieren.

Zubereitungszeit 15 Minuten
(plus Kochzeit)
Pro Portion ca. 283 kcal/1187 kJ
39 g E · 10 g F · 5 g KH

Roter Heringssalat

Zutaten für 4 Personen

2 Salzheringe, 4 Kartoffeln, 1 Rote Bete, 2 Äpfel, 2 Zwiebeln, 1–2 saure Gurken, 1 Tl Senf, Essig, Öl, saure Sahne, Zucker nach Geschmack

1 Die Heringe etwa 24 Stunden wässern. Anschließend trockentupfen, die Gräten entfernen, filetieren und das Fischfleisch in feine Streifen schneiden.

2 Die Kartoffeln waschen, in 20 Minuten garen, abgießen und abkühlen lassen. Dann schälen und würfeln. Die Rote Bete waschen, in Salzwasser ebenfalls 20 Minuten garen, dann abgießen und abkühlen lassen. Rote Bete schälen und würfeln.

3 Die Äpfel waschen, schälen, von den Kerngehäusen befreien und in Würfel schneiden. Die Zwiebeln schälen und in Ringe schneiden. Saure Gurken fein schneiden. Alle Zutaten in eine Schüssel geben.

4 Aus Senf, 3 El Essig, 2 El Öl und saurer Sahne eine Marinade rühren und über die Zutaten geben. Den Heringssalat mit Zucker abschmecken, wenn er zu sauer sein sollte.

Zubereitungszeit 45 Minuten
(plus Zeit zum Wässern)
Pro Portion ca. 195 kcal/820 kJ
15 g E · 12 g F · 6 g KH

Gefüllter Hecht

Zutaten für 4 Personen

3 Schalotten, 2 Knoblauchzehen, 100 g Butter, Salz, Pfeffer, 200 g junger Löwenzahn, 200 g frischer Spinat, 1 küchenfertiger kleiner Hecht (ca. 1, 5 kg), Zitronensaft, 150 g Räucherspeckscheiben, 1 Zwiebel, 250 ml trockener Weißwein, 100 g Crème fraîche

1 Backofen auf 200 °C (Umluft 180 °C) vorheizen. Schalotten und Knoblauch schälen und fein hacken. 50 g Butter in einer Pfanne erhitzen und Schalotten mit Knoblauch darin andünsten. Würzen.

2 Löwenzahn- und Spinatblätter verlesen, putzen und waschen. In kochendem Salzwasser kurz blanchieren. Herausnehmen, abtropfen lassen und auspressen. Löwenzahn und Spinat zu den Schalotten geben und mitdünsten.

3 Den Hecht waschen, trockentupfen und innen und außen mit Salz, Pfeffer und Zitronensaft einreiben. Die Gemüsemischung in den Hecht füllen. Den Hecht mit den Speckscheiben umwickeln, so dass die Öffnung verdeckt ist.

4 Die Zwiebel schälen und in Ringe schneiden. Zwiebelringe und restliche Butter in einen Fischbräter geben. Den Fisch mit dem Speck nach unten hineinlegen. Den Weißwein angießen. Den Hecht im Ofen etwa 25 Minuten schmoren. Nach Ende der Garzeit den Fischsud mit der Créme fraîche glatt rühren.

Zubereitungszeit 25 Minuten
(plus Schmor- und Garzeit)
Pro Portion ca. 430 kcal/1806 kJ
56 g E · 17 g F · 9 g KH

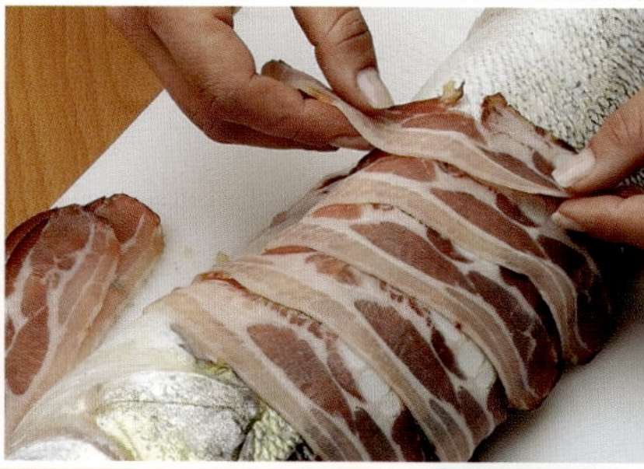

Süßspeisen und Backwaren

Pfälzer Kerscheplotzer

Zutaten für 4 Personen

500 ml Milch, 6 Brötchen vom Vortag, 100 g Butter, 75 g Zucker, 4 Eier, 2 cl Kirschwasser, 750 g Kirschen, 1 Prise Zimt, 1 Prise Salz, Paniermehl für die Form

1 Den Backofen auf 200 °C (Umluft 180 °C) vorheizen. Die Milch erwärmen. Die Brötchen in Scheiben schneiden und in der warmen Milch einweichen. 75 g Butter mit dem Zucker verrühren. Die Eier trennen, die Eigelbe zur Butter-Zucker-Mischung geben und schaumig rühren. Das Kirschwasser dazugeben.

2 Die Brötchen mit der Milch und der Eiercreme verrühren. Die Kirschen waschen, von den Stielen befreien und zu der Mischung heben. Die Eiweiße mit Zimt und Salz zu steifem Schnee verrühren und unter die Kirsch-Brötchen-Masche heben.

3 Eine runde Auflaufform ausbuttern und mit Paniermehl ausstreuen. Den Kerscheplotzer hineinfüllen und mit der restlichen Butter in Flöckchen überziehen. Im Ofen etwa 50 Minuten backen. Warm servieren.

Zubereitungszeit 20 Minuten
(plus Einweich- und Backzeit)
Pro Portion ca. 595 kcal/2499 kJ
19 g E · 19 g F · 85 g KH

Deidesheimer Rotweincreme

Zutaten für 4 Personen

500 ml Rotwein, 125 g Zucker, Mark von 1/4 Vanilleschote, 4 Eier, 1/4 Tl gemahlener Zimt, 1 El Speisestärke

1 Wein und Zucker miteinander verrühren und in einem Topf erhitzen. Vanillemark hinzufügen.

2 Die Eier trennen und die Eigelbe mit dem Zimt und der Speisestärke verrühren. Die Eiweiße steif schlagen.

3 Kurz bevor der Wein zu kochen beginnt die Eigelbe hineinrühren. Die Masse nicht mehr kochen lassen, mit dem Schneebesen zu einer cremigen Masse schlagen. Die Creme abkühlen lassen und den Eischnee unterheben. Gut gekühlt servieren.

Zubereitungszeit 15 Minuten
(plus Zeit zum Erhitzen)
Pro Portion ca. 305 kcal/1281 kJ
12 g E · 11 g F · 39 g KH

Dampfnudeln

Zutaten für 4 Personen
500 g Mehl, 30 g Hefe, 160 g Zucker, 650 ml Milch, 2 Eier, Salz, 50 g Butter

1 Das Mehl in eine Schüssel sieben und in die Mitte eine Mulde drücken. Die Hefe zerbröckeln und mit 1 El Zucker und 3 El warmer Milch verrühren.

2 Diese Hefe-Mischung in die Mehlmulde gießen, mit Mehl bestäuben und abgedeckt etwa 15 Minuten an einem warmen Ort gehen lassen.

3 Anschließend den Vorteig mit 140 ml Milch, den Eiern und 50 g Zucker vermischen und mit den Händen zu einem geschmeidigen Teig verkneten. Er sollte sich leicht von den Händen lösen. Den Teig abgedeckt nochmals 30 Minuten gehen lassen.

4 Aus dem Teig mit angefeuchteten Händen etwa 8 Klöße formen und weitere 15 Minuten gehen lassen.

5 In einem flachen großen Topf die restliche Milch mit dem restlichen Zucker, Salz und Butter erhitzen. Die Dampfnudeln hineingeben und bei geschlossenem Deckel etwa 20 Minuten dämpfen.

6 Die Dampfnudeln mit Vanillesauce servieren und mit Minzeblättchen und Erdbeeren garnieren.

Zubereitungszeit 20 Minuten
(plus Ruhe- und Dämpfzeit)
Pro Portion ca. 833 kcal/3497 kJ
23 g E · 21 g F · 137 g KH

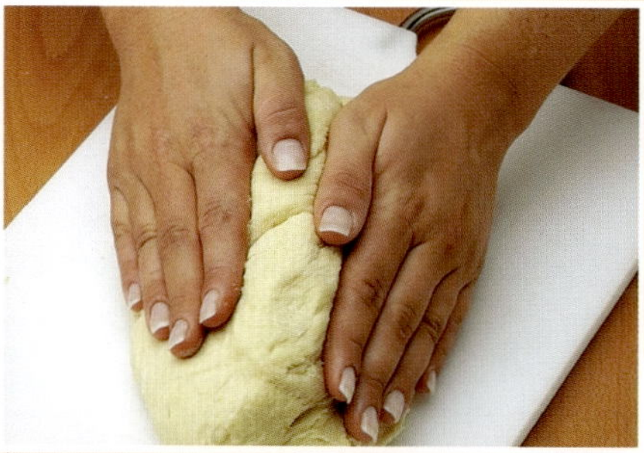

Kalter Hund

Zutaten für 1 Kastenform

4 Eier, 150 Puderzucker, 1 Päckchen Vanillezucker, 150 g Schokolade, 150 g Kokosfett, 750 g Butterkekse

1 Die Eier im Wasserbad schaumig rühren. Zucker und Vanillezucker zugeben und weiterschlagen, bis eine dicke Creme entstanden ist.

2 Die Schokolade reiben und zur Creme geben. Das Kokosfett in einem Topf schmelzen. Die Schokocreme vom Herd nehmen und das Kokosfett nach und nach unterrühren. Glatt rühren.

3 Eine Kastenform mit Klarsichtfolie auslegen und abwechselnd eine Schicht Butterkekse und eine Schicht Schokoladencreme hineingeben.

4 Die Form einige Stunden kalt stellen, bis die Creme fest ist. Dann den Kalten Hund stürzen, die Folie abziehen und den Kuchen in Scheiben schneiden.

Zubereitungszeit 15 Minuten
(plus Kühlzeit)
Pro Stück ca. 448 kcal/1882 kJ
8 g E · 25 g F · 47 g KH

Pfälzer Rote Grütze

Zutaten für 4 Personen

800 g Zwetschgen, 400 ml Rotwein, 1 El gemahlener Zimt, 120 g Zucker, Mark von 1/2 Vanilleschote, 2 El Speisestärke, 4 cl Zwetschgenwasser, 250 g Sahne

1 Die Zwetschgen waschen und gut abtropfen lassen. Zwetschgen halbieren und den Stein entfernen.

2 In einem Topf den Rotwein mit 400 ml Wasser, Zimt, Zucker und Vanillemark zum Kochen bringen.

3 Die Zwetschgen in die kochende Flüssigkeit geben und etwa 3 Minuten köcheln lassen.

4 Die Speisestärke in 3 El Wasser einrühren und die Zwetschgengrütze damit andicken. Das Zwetschgenwasser zum Schluss dazugeben und die Grütze im Kühlschrank abkühlen lassen.

5 Zum Servieren die Zwetschgengrütze mit flüssiger Sahne begießen.

Zubereitungszeit 30 Minuten
(plus Kochzeit)
Pro Portion ca. 490 kcal/2058 kJ
3 g E · 19 g F · 72 g KH

Pfälzer Kirschkuchen

Zutaten für 1 Springform

250 g Sauerkirschen, 500 g Süßkirschen, 100 g Butter, 125 g Zucker, 1 Päckchen Vanillinzucker, 1 Prise Salz, 4 Eier, 200 g Paniermehl, 50 g gemahlene Haselnüsse, 1 Glas (1 cl) Kirschwasser, Margarine zum Einfetten

1 Die Kirschen waschen, abtropfen lassen und entsteinen. Den Backofen auf 200 °C (Umluft 180 °C) vorheizen.

2 Die Butter mit dem Zucker, Vanillinzucker und der Prise Salz in einer Schüssel verrühren. Die Eier trennen und die Eigelbe nach und nach unter die Butter-Zucker-Masse rühren. Paniermehl, Haselnüsse und Kirschwasser zugeben und alles zu einem Teig verrühren. Die Eiweiße steif schlagen und unter den Teig heben.

3 Zuletzt die Kirschen in den Teig rühren. Eine Springform ausfetten und den Kirschteig hineinfüllen. Den Kirschkuchen im Ofen auf der mittleren Schiene etwa 40 Minuten backen. Mit Vanillesauce oder Schlagsahne servieren.

Zubereitungszeit 30 Minuten
(plus Backzeit)
Pro Stück ca. 260 kcal/1088 kJ
5 g E · 12 g F · 31 g KH

Zwetschgenkuchen mit Streuseln

Zutaten für 1 Springform
40 g Hefe, 1/8 l Milch, 1 Tl Salz, 750 g Mehl, 310 g Butter, 350 g Zucker, 2 Eier, 1 kg Pflaumen, 1 Tl Zimt

1 Die Hefe mit 3 El warmer Milch und Salz verrühren und quellen lassen. 500 g Mehl in eine Schüssel sieben und in die Mitte eine Mulde drücken. Restliche Milch erwärmen. 160 g Butter zerlassen.

2 Die Hefe in die Mehlmulde gießen, Milch, Butter, 160 g Zucker und Eier zufügen und alles zu einem Teig verarbeiten. Den Teig zugedeckt auf den doppelten Umfang gehen lassen.

3 Den Teig nochmals durchkneten und auf einer bemehlten Arbeitsfläche ausrollen. Nochmals 20 Minuten gehen lassen. Inzwischen die Pflaumen waschen, trocknen und entsteinen. Den Backofen auf 220 °C (Umluft 200 °C) vorheizen.

4 Den Teig auf die Platte der Springform legen und am Rand festdrücken. Die Pflaumen fächerförmig darauf verteilen.

5 Für die Streuseln restliches Mehl mit restlicher Butter und restlichem Zucker mischen und zu Streuseln kneten. Mit Zimt würzen und über den Kuchen verteilen. Den Kuchen Im Ofen etwa 35 Minuten backen. Aus der Form lösen und abkühlen lassen.

Zubereitungszeit 40 Minuten
(plus Ruhe- und Backzeit)
Pro Stück ca. 584 kcal/2453 kJ
9 g E · 24 g F · 83 g KH

Mandelwaffeln

Zutaten für 12 Waffeln

115 g Butter, 200 g Zucker, 3 Eier, 50 ml Milch, 75 g gemahlene Mandeln, 1 El gemahlener Zimt, 250 g Mehl, 1 El Mandellikör, Fett für das Waffeleisen, Puderzucker

1 Die Butter und den Zucker schaumig rühren. Dann die Eier und die Milch dazugeben und die Mandeln und den Zimt unterheben.

2 Zuletzt das Mehl dazugeben und alles zu einem festen Teig verrühren und den Mandellikör zugeben.

3 Ein Waffeleisen einfetten und mit einer Schöpfkelle etwas Teig darauf geben. In etwa 5 Minuten eine goldgelbe Waffel backen. Waffel aus dem Eisen nehmen und warm stellen.

4 Nacheinander aus dem restlichen Teig weitere Waffeln backen. Die Mandelwaffeln mit Puderzucker bestreut servieren.

Tipp: Je nach Geschmack können Sie dazu frisch geschlagene Sahne und Obst reichen. Aber auch Schoko- oder Vanillesauce, mit etwas Mandellikör oder Rum aromatisiert, sowie Fruchtsaucen schmecken ausgezeichnet dazu.

Zubereitungszeit 10 Minuten
(plus Backzeit)
Pro Stück ca. 201 kcal/847 kJ
3 g E · 13 g F · 18 g KH

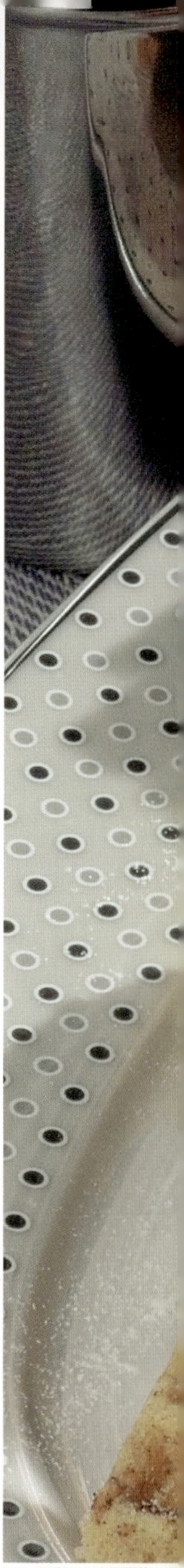

Neustädter Schokoladenkekse

Zutaten für 4 Personen

4 Eier, 200 g Zucker, 100 g Rosinen, abgeriebene Schale von 1 Zitrone, 200 g Mehl, Margarine zum Einfetten, 1 Packung dunkle Kuvertüre (200 g)

1 Den Backofen auf 180 °C (Umluft 160 °C) vorheizen. Die Eier trennen. Eigelbe und Zucker schaumig rühren. Die Rosinen mit heißem Wasser überbrühen und abtropfen lassen. Rosinen und Zitronenschale zum Eischaum geben.

2 Das Mehl über die Masse sieben und gut miteinander verrühren. Die Eiweiß steif schlagen und unter den Teig heben. Ein Backblech einfetten. Mit zwei Teelöffeln Teighäufchen abstechen und nebeneinander auf das Blech setzen. Im Ofen in 15 Minuten goldbraun backen.

3 Aus dem Ofen nehmen und auf einem Kuchengitter abkühlen lassen. Die Kuvertüre im Wasserbad auflösen und die Plätzchen damit bestreichen.

Zubereitungszeit 20 Minuten
(plus Back- und Kühlzeit)
Pro Stück ca. 75 kcal/313 kJ
2 g E · 2 g F · 14 g KH

Pfälzer Schneckennudeln

Zutaten für etwa 12 Stück

250 g Mehl, 1/2 Tl Salz, 1 Ei, 1 Würfel Hefe, 205 g Butter, 7 El Öl, 6 El Zucker, 1 Päckchen Vanillezucker, 1 Tl abgeriebene Schale einer unbehandelten Zitrone, 200 g gemahlene Haselnüsse, 1 El Milch, 100 g Rosinen, 200 g Puderzucker

1 Mehl mit Salz, Ei, Hefe, 125 g Butter und Öl gut vermischen und zu einem glatten Teig kneten. Den Teig 5 Minuten in eine Schüssel mit kaltem Wasser legen.

2 Den Teig aus dem Wasser nehmen und mit Zucker, Vanillezucker und Zitronenschale vermengen und kräftig durchkneten.

3 Für die Füllung Nüsse mit restlicher Butter, restlichem Zucker, Milch und Rosinen verrühren. Den Teig auf einer bemehlten Arbeitsfläche ausrollen und mit der Nussfüllung bestreichen. Alles etwa 30 Minuten abgedeckt gehen lassen.

4 Den Backofen auf 175 °C (Umluft 155 °C) vorheizen. Nach dem Gehen den Teig zu einer Rolle zusammenlegen und in etwa 3 cm dicke Scheiben schneiden. Die Scheiben auf ein gefettetes Backblech legen und im Ofen etwa 45 Minuten goldbraun backen.

5 Den Puderzucker mit 5 El Wasser verrühren und die fertigen Schneckennudeln mit dem Guss bestreichen.

Zubereitungszeit 35 Minuten
(plus Ruhe- und Backzeit)
Pro Stück ca. 394 kcal/1655 kJ
5 g E · 27 g F · 32 g KH

Aprikosenauflauf

Zutaten für 4 Personen

4 Milchbrötchen, 4 Eier, 100 g getrocknete Aprikosen, 1/4 l Milch, 1/4 l Sahne, 1 Glas (1 cl) Aprikosenlikör, 100 g Zucker, Zimtpulver, 2 El Aprikosenkonfitüre, 15 g Mandelblättchen

1 Die Brötchen in Scheiben schneiden. Die Eier trennen. Die Aprikosen etwa 10 Minuten in heißem Wasser einweichen. Dann gut abtropfen lassen.

2 Milch, Sahne, Eigelb, Likör, Aprikosen und 60 g Zucker verrühren, nach Bedarf mit Zimt verfeinern.

3 Die Brötchenscheiben in eine Schüssel geben und die Mischung darüber gießen. Die Masse 1 Stunde ziehen lassen.

4 Den Backofen auf 180 °C (Umluft 160 °C) vorheizen. Die Masse zu einer glatten Creme pürieren und in eine gefettete Auflaufform füllen. Den Auflauf etwa 50 Minuten im Ofen backen.

5 Inzwischen die Eiweiße mit dem restlichen Zucker mischen und steif schlagen. Den Auflauf nach 30 Minuten Backzeit mit Konfitüre bestreichen, dann den Eischnee darüber geben. Mit den Mandelblättchen bestreuen und im Ofen weitere 20 Minuten goldbraun überbacken.

Tipp: Dieser fruchtige Auflauf schmeckt warm am besten. An heißen Tagen kann man ihn jedoch auch kalt mit Vanille- oder Aprikoseneis genießen.

Zubereitungszeit 15 Minuten
(plus Ruhe- und Backzeit)
Pro Portion ca. 640 kcal/2688 kJ
17 g E · 31 g F · 71 g KH

Bildnachweis
Seite 6–7, 21 Werner OTTO Reisefotografie